U0580719

樊登 著

给青少年讲论语

性格养成

北京燕山出版社
BEIJING YANSHAN PRESS

图书在版编目（CIP）数据

给青少年讲论语．性格养成/樊登著．—北京：
北京燕山出版社，2023.7
ISBN 978-7-5402-6814-5

Ⅰ.①给… Ⅱ.①樊… Ⅲ.①儒家②《论语》—青少
年读物 Ⅳ.① B222.2-49

中国国家版本馆 CIP 数据核字 (2023) 第 024265 号

给青少年讲论语：性格养成

著　　者：樊　登
责任编辑：郭　悦　李瑞芳
封面设计：门乃婷工作室
出版发行：北京燕山出版社有限公司
社　　址：北京市西城区椿树街道琉璃厂西街 20 号
邮　　编：100052
电话传真：010-65240430（总编室）
印　　刷：河北鹏润印刷有限公司
开　　本：787mm×1092mm　1/32
字　　数：120 千字
印　　张：8
版　　次：2023 年 7 月第 1 版
印　　次：2023 年 7 月第 1 次印刷
Ｉ Ｓ Ｂ Ｎ：978-7-5402-6814-5
定　　价：48.00 元

版权所有　盗版必究
如发现图书质量问题，可联系调换。质量投诉电话：010-82069336

给青少年的信

为什么我建议青少年最好读读《论语》？

《论语》成书于两千多年前，现代社会的我们，还有必要读吗？

在回答这个问题之前，我想先跟你聊一聊我和《论语》的故事。

大学期间，我的内心时常焦躁不安，带着少年特有的骄傲和敏感，既希望展现自我，又因不得其法而患得患失。

令我印象很深刻的一个苦恼是看到别人的名字纷纷登上了海报。当时的大学里有海报墙，今天谁评上了"三好学生"，明天谁办了一个协会，后天谁得了个奖……有很多名字，只是没有我的。

我很失落。

只是名字没有出现在墙上，在今天看来，这件事情轻如鸿毛，但对当时的我来说却是天大的事。墙上的海报连接着我大脑中的情绪按钮，一种无法展现自我价值的落寞感困扰着我。

某个下午，我在图书馆里翻书，无意间翻开了南怀瑾先生写的《论语别裁》，一读便入了迷。

其实，在中学时期我就学过《论语》，但那时只读了课本里收录的几篇。印象里，孔子真是喜欢骂人啊，和不苟言笑的"教导主任"一个样。我就这样断章取义地以小孩子的视角去理解，以嘻嘻哈哈的态度，毫无敬畏心地接受了《论语》最初的教育。

在大学里，我终于有充裕的阅读时间了。南怀瑾先生对于《论语》的解读洒脱有趣，激发了我对《论语》的兴趣，我决定把和《论语》相关的书都好好读一读。待我真正静下心来阅读时，我发现《论语》几乎能够解决生活中所有的烦恼。

当我为自己的名字没有登上海报墙而感到苦闷时，孔夫子这样劝慰："不患人之不己知，患其不能也。"

大意是：不要担心自己不被别人知道，你要担心的是你的能力够不够。

看到了这句话，我立刻受到触动——"不要担心别人不知道我，我要担心的是我的能力怎么样，是不是实至名归地应该被人写在海报上"。想通之后，那种患得患失之感也随之消失了。

毕业后，我进入中央电视台工作，感受到了巨大的工作压力和生活压力。那种焦虑与学生时期的焦虑完全不同，它关乎每一顿饭、每一个月的房贷，关乎领导的每一个眼神，也关乎未来的路该怎么走。

在焦灼和茫然之下，我重读了《论语》。孔子的话，让我瞬间安静了下来，他说"君子谋道不谋食""君子忧道不忧贫"，以及"不患人之不己知，患不知人也"。我被这几句话击中了。原来我的痛苦和担忧，孔子也有过！这并不是我一人独有的痛苦，而是千百年来每个人都会有的痛苦。这种被理解的感觉太美好了，我和我的祖先用这样的方式连通了，我确信我体内流淌的是中华民族的血液！

迄今为止，我认真研读《论语》超过二十年，感到《论语》真是常读常新，一次次让陷入困境的我豁然开朗。

以上只是我和《论语》的故事片段，它对我的影响远不止这些。这些年，我也经常劝身边的朋友、书友多读一读《论语》，我希望它可以启发更多的人。

我发现，很多人一开始是拒绝读《论语》的。他们的拒绝，往往缘于对孔子的误解。

提到孔子，我们的第一印象可能是博学而严肃，现实生活中的说教已然太多，我们实在不愿意再被两千多年前的这么一个古板的老先生来教育。但当你真正读了《论语》之后，会发现他是个多么可爱的"老头儿"啊！他是那么睿智，那么幽默，那么亲切。

他一点都不古板，他非常懂得权变；他是个吃货，有点挑食，肉切得不漂亮不吃，菜的口感不好也不吃；他讲究生活情趣，很有格调，爱读诗，听到喜欢的音乐，沉浸其中，三月不知肉味；他爱喝点小酒，但是从来不多喝；对于君王，他发自内心地尊敬，谨言慎行，不逾矩；对于贫苦百姓，他发自内心地同情；对于学生，他总能看到每个人的特点，因材施教，谆谆引导；对于好友，他体贴入微，让人如沐春风。

他是一名学识渊博的老师、一位深谙人情世故的长者，也是一位善良敦厚的朋友。

我们也没必要把孔子当作人生偶像，无须将他拔高到圣人的位置——我们猜想以孔子的人性修养，他本人也会拒绝"圣人"这个名号，但我们真的应该去了解真实的孔子，去读一读《论语》。

作为中国的青少年，如果你不能够全面了解《论语》，将是一件憾事，因为你不知道你性格的底色是怎么来的，你不知道周围的人是怎样思考问题的，你不知道外界运转的规则是如何形成的。

学习《论语》，应该是件快乐的事

很多人在读《论语》时，只是参照网上的白话文解释，把它的译文读一遍就作罢，以为自己懂了，却忽视了它最为珍贵的内核。成书于两千多年前的《论语》，对我们今天的生活依然能起指导作用，但前提是，我们不能只了解简单的、浅白的释义；它不能只被写在教材和试卷里，它应该被用在我们的学习和生活中。

只有被运用的学问，才是"活"的学问。今天这个时代发生了巨变，人与人的关系，人与世界的关系，也已经随之发生了巨大的变化。我们现在要读的《论语》，是跟移动互联网时代有关的《论语》。

有很多人让孩子学《论语》纯粹是为了备考，因为我们的语文试卷里多次出现与《论语》相关的题目。

我不建议将"备考"作为学习《论语》的初衷，因为如果仅仅是为了提高学习成绩而读《论语》，那正好和《论语》的精神相悖了。孔子说："君子喻于义，小人喻于利。"我们对高分的过度追求，本质上是对利益的斤斤计较，如果以此作为学习《论语》的动机，会限制我们的眼界。

今天，《论语》最重要的意义是激发大家的责任感和好奇心，这种责任感和好奇心将给我们带来源源不断的内在动力。相比起来，考试成绩这点事实在是微不足道。

在上中学的时候，你觉得成绩比天都大，简直是生命中最重要的事情。等你大学毕业进入社会后，你会发现几乎没有人在乎你曾经在学校考了多少分。一个人在这个世界上能够走多远，取得怎样的成就，完全取决于他的内在动力是否强大。

在孔子的时代，没有这样或那样的考试，但学生们没有因此而停止求知，因为他们有足够的责任感和好奇心，他们体会到了纯粹求知的快乐。古代的儒者秉持着一个观念，叫"一事不知，儒者之耻"。哪怕有一件事你不知道，你都要赶紧去把它搞明白，因为这是作为一个读书人所需要具备的基本素养。

我在"樊登读书"分享过一本书，叫作《解惑》。这本书中提出了发散性问题和汇聚性问题的概念。

我们在上学时期，学的往往是解决汇聚性问题的方法，把一个复杂问题拆解为多个固定的步骤，然后一步一步来解决。当我们步入社会时，会发现大多数令人烦恼的问题并非简单的汇聚性问题，而是一些没有标准答案的发散性问题。比如，应该如何与人相处，应该如何利用时间，人的性格是应该更刚强还是应该更柔软……这些问题我们都无法机械地拆解为标准化的步骤，也无法量化。

发散性问题的解决方法并不取决于这个问题本身，而是来自个人修为。如同我们读一些经典的好书，在阅读前，也许我们并不知道它的作用是什么，但当你真正沉浸式地读完以后，你才能感受到它给你带来的变化——你的思维方式、你的审美情趣、你的眼界、你的认知能力可能都提升了。

别人无论多么细致地跟你描述它的功能、它的影响力，你都感受不到，只有在你读透、学会的那一瞬间，你才会立刻感受到它的美好。

你并没有提前去设定目标，但这本书带你驶向了更加开阔的精神原野。你的人生境界提升了，那些让你烦恼、不知道该如何解决的问题，就不再是问题了，这才是解决发散性问题的方法。

《论语》能够很好地提升我们的人生境界，帮助我们解决各类发散性问题。《论语》所解决的问题，大到政治文化、管理之道，小到如何待人接物、如何进行情绪管理、如何洞察人性、如何掌握学习之法——这些都是发散性问题。我特别希望大家在读《论语》的时候，不是将它当作学习的负担，而是带着"发散性思维"去理解它，使阅读成为一种快乐的、美好的、能够让精神变得更加开阔的过程。

学习本应是一件快乐的事，要脱离功利主义、实用主义的影响。孔子提倡"君子不器"，意思是我们不能只学习单一的、指标化的硬性技能。我们学习的目的是成为一个完整的、灵魂丰满的、可以全方位发展的人。我们要作为人而存在，而不是作为某个工具存在。

有的人阅读和学习，只看即时性的收获——能不能快速提分，能不能精准押题，能不能当成作文素材。从短期来看，似乎很划算，但从长期来看，这种态度是非常局限的。他看不到这个世界运行的最根本的动力源于热爱，源于对未知事物的探索。

以学习和探索为乐，这正是《论语》的核心精神，希望它也能够成为我们在阅读《论语》时的精神动力。

《论语》是一本关于学习的书

为了帮助大家学习《论语》，我曾出版过两部《樊登讲论语》，用近百万字篇幅为《论语》做了逐句拆解。自出版到如今，收到了大量读者的反馈。

有较亲近的朋友跟我说："我从未感到《论语》离我们这么近，《樊登讲论语》比其他书厚得多，但并不难读，它太适合放在床头了，随手翻开就能读进去。"也有不认识的读者留言："我先自己读。我读完后，又开始一篇篇地讲给孩子听。"

这些都是正面的反馈，令人欣喜。

但也有读者建议说，《樊登讲论语》两册加起来约一千页，实在太厚了，放在孩子的书包里也太沉了。其中的许多道理，对孩子而言始终太深邃；许多案例，离孩子的生活也太远。

以往我执着于逐字逐句地解读，生怕遗漏某个知识点，生怕错过某个道理，但我蓦然发觉，《论语》的分量如此之重，近一万六千字的篇幅，字字珠玑，以我之笔力，很难说真正写透了。也许，我只需为大家打开一扇通往《论语》的小门，如果大家能够由此窥见《论语》智慧的一鳞半爪，足矣。

尤其对于各位青少年读者，我希望让《论语》读起来更轻松一些。于是，有了《论语》"青少版"系列书。

我仅从青少年最关心的几个层面出发，将《论语》"青少版"划分为四大主题：学习、交友、性格、生活。这四个主题，涵盖了青少年成长过程中最关键的几个方面。

《论语》是一本关于学习的书，学习是它的核心宗旨。

学习的内容当然不局限于知识，交友、性格、生活都是学习的不同维度，这也印证了孔子所说的"一以贯之"的道——贯彻在交友中，是交友之道；贯彻在生活中，是生活之道；贯彻在性格养成中，即为性格养成之道。

在此，也想给你布置一个功课：读完《论语》后，希望你可以将它凝练成一两句话，使之成为你的座右铭，让它时时提醒你，将它融入你的生活。

最后，感谢《孔子传》的作者鲍鹏山老师。鲍老师在《孔子传》中对孔子的生平、孔子所在时代各国的形势做了非常细致的研究。当我提出想要引用书中的孔子生平年表作为本书的附录时，他毫不迟疑地应允了。这个附录，可以帮助青少年更加轻松、透彻地理解《论语》，更直观地感受到那个遥远的时代里，一位智者与行者的魅力。

樊登

2022 年 5 月于北京

目录

第三部分

情绪管理
如何控制自己的心态和情绪

第一部分

自我修炼

如何成长为更好的自己

坚持做正向的积累

子禽（qín）①问于子贡曰："夫子至于是邦也，必闻其政，求之与？抑②与之与？"

子贡曰："夫子温、良、恭、俭、让③以得之。夫子之求之也，其诸异乎人之求之与？"

注释：

①子禽：本名陈亢，字子禽，《论语》记载他是孔子的学生，但《史记·仲尼弟子列传》中并未记载他的资料，因此他的身份一直存在争议。

②抑：文言文中常见的连词，可解释为"还是"。

③温、良、恭、俭、让：这里指孔子的五种品德，分别是温和、善良、谦恭、俭朴、谦让。

这段话很有画面感，也是《论语》中非常有名的一段对话。

子贡是与孔子关系比较亲密的学生。子禽在《论语》中每次出现都是在提问，他一共提问三次，其中有两次是向子贡提问。他总觉得孔子并没有特别了不起，所以他经常会从实用主义的角度提问。

子禽问子贡，孔子每到一个国家，总有当权的人与他商量国事。到底是孔子向当权者求问的，还是当权者主动与他商量的？

言外之意，或许是对孔子是否真的像大家说的那么厉害有疑问，因为当政者主动邀请孔子，和孔子主动去找当政者，代表着截然不同的意义：前者意味着孔子的思想和理念确实受到大家认可，后者则表示孔子未必有大家说的那么厉害。

子禽的发问，让我们看得出来，他对孔子有一定的质疑。但其实这也是人之常情，毕竟在那个信息不发达的时代，产生这样的疑惑非常正常。

如果你是子贡，应该怎么回答？

如果子贡说"夫子从来不求人"，这是真话吗？细细想来这样回答并不妥。孔夫子如果从来不曾有求于人，何必周游列国？所以子贡不能直接说夫子不求人。

如果子贡说夫子就是在到处求人那也不对，这相当于说孔子是一个沽（gū）名钓誉的人，但他显然不是这样的人。

子贡是一个外交家，他回答得非常巧妙。他没有回避这个问题，但也没有直接给出答案，而是说"夫子温、良、恭、俭、让以得之"，意思是夫子得到别人的尊重，让别人愿意向他请教，与他商量国事，靠的是温、良、恭、俭、让。

"温"指的是温和、不走极端。我们生活中，有很多人出名靠的是"不温"，他们发表一些极端言论，博人眼球，吸引许多人的关注，但这种方式会带来许多不良的影响。

孔子永远不疾不徐，从容地表达自己的理念。"温"看似简单，却从侧面反映出孔子对自身能力的极度自信，以及强大的情绪管理能力。

"良"指的是善良，对他人给予更多尊重和宽容，少一些埋怨和责备。孔子说过许多话，都能从侧面反映他的"善"，如"己所不欲，勿施于人"，是尊重他人的"善"；"君子成人之美，不成人之恶"是帮助他人的"善"；"以直报怨，以德报德"是包容他人的"善"。

"恭"指的是谦恭，不说大话，能坦然面对自己的知识盲区。孔子周游列国，至卫国的时候，卫灵公问陈，也就是问打仗怎么打。孔子说："军旅之事，未之学也。"意思是说打仗这件事情我从来不会，所以打仗方面的事情就不要询问我的意见了。

这就是恭，不会的就说不会。

"俭"指的是俭朴、不奢（shē）华、不做作。强调俭朴的品质，大概与孔子生活的时代有关。孔子生活在春秋末期，当时社会动荡，王公贵族追求奢靡（mí）之风，为了制止这样的风气，孔子一直在向大众宣传一切从简。

"让"指的是谦让。孔夫子很少跟政敌发生尖锐的矛盾。每当他在某个地方待不下去时，比如有人诋（dǐ）毁他，指责他，或者有人不信任他，他往往二话不说，立刻就走，奔往下一个地方。孔子是一个有自己生活节奏的人，他并不强求任何事情的发生。

谈到此处，涉及一句中国古人的修身格言："君子居易以俟（sì）命，小人行险以侥幸。"孔子的行事风格，就是"君子居易以俟命"，每天做好自己该做的事，保持温、良、恭、俭、让，这是做事的原则，至于能得到什么则顺其自然，这是君子之为。

湖南的岳麓书院有一副著名的对联，其上联题道："是非审之于己，毁誉听之于人，得失安之于数。"这句话也印证了"君子居易以俟命，小人行险以徼幸"的道理。有人的地方就有是非，面对是非，自我审视、谨慎判断就好了。尽心做好自己应做的事情，不必理会外界的毁誉褒贬，至于得失成败，则安然接受。

所以最后子贡说："夫子之求之也，其诸异乎人之求之与？"夫子这种求的方法，不是跟其他人的求法不一样吗？子贡用这句话，是在替孔子回答子禽提出的问题。

关于这一段，如果我们真的明白了，就会知道应该怎么去做事。我们要不断地充实自我，随顺因缘。每一个人能做的事，是每天让自己有正向的积累，让自己变得越来越好，除此之外的很多事则要顺其自然，因为往往没有那么重要。

外在的欲望没有止境。拥有多少物质才算足够？拥有多大的名声才能到头?

这都难以衡量。

而温、良、恭、俭、让的行事原则，是一个人本身最具价值的部分。不要为了眼前的利益而出卖我们心底的东西。君子爱财，君子爱名，都要取之有道。

孔夫子的处世原则，也印证了老子的"后其身而身先，外其身而身存"。一个善争的人，内心往往会焦虑，会走偏门，做很多动作"变形"的事，树立很多的敌人。

实际上，孔夫子所做的事，是目光更长远的事，这跟老子的原则也是一样的。

最后，请你和我一起将这句话默念一遍："夫子温、良、恭、俭、让以得之。夫子之求之也，其诸异乎人之求之与?"

本节打卡小知识

孔子不仅自己恪守温、良、恭、俭、让五大品德，对拥有类似品质的人也倍加推崇。

春秋时期，有个政治家叫晏婴，他是齐国宰相，他的车夫整天因为自己是宰相的车夫而扬扬得意，不料却被妻子训斥："晏婴身为宰相，尚有谦虚精神，你身为他的车夫却感到满足？"从此，车夫便变得谦虚谨慎起来，晏婴后来推荐他当了大夫。而孔子对晏婴给予了极高的评价："晏平仲善与人交，久而敬之。"

传承好的品格和价值观

子曰："父在^①观其志，父没^②观其行。三年无改于父之道^③，可谓孝矣！"

注释：

①在：健在，还活着的时候。

②没：这里指去世。

③道：处世原则与行为准则，这里的"父之道"可以理解为父亲生前遵循的行为准则。

这是争议很大的一句话，有人说这句话给中国人造成了很多坏影响。大意是不论一个人的父亲是否健在，他的行为都要受父亲的约束。

在古代，子承父业的情况很普遍，父亲在世的时候，我们看不到一个人真正的行为，因为他的行为是受到父亲约束的，所以我们只能看他有什么样的志向。父亲去世以后，则要看一个人的行动。如何看呢？看是否"三年无改于父之道"，就是如果父亲走了以后，还依然坚持父亲的道路，坚持父亲传下来的为人处世的原则，那才称得上是孝顺。

如果机械地理解这句话，会让我想到宋徽宗的故事。

宋徽宗"上台"是接了他哥哥的班。宋神宗传位给宋哲宗，宋哲宗年纪轻轻就去世了，宋徽宗接任。宋徽宗上位以后，脑子里始终盘旋着"三年无改于父之道，可谓孝矣"这句话，所以他恢复了神宗时期的很多政策。

神宗时期王安石发起变法，苏轼、苏辙、黄庭坚等人因为政见不合被贬。徽宗上来以后变本加厉，对包括苏轼、司马光在内的元祐党人打击得更厉害，甚至要将"苏门"封杀，"三苏"的文章全部禁印，文字全部毁掉，连碑文也被破坏。宋徽宗走极端的路线，信任蔡京、蔡卞，恢复旧法，最后导致亡国。

如果机械地理解"三年无改于父之道"这句话，那就成了守旧，似乎在所有事情上都要拒绝变革，一切都要尊崇父辈的指示，哪怕是错的。尤其是在今天，如果一个人只按长辈的方式做事，那根本没有办法适应移动互联网时代的变化。

那怎么办？

有个词叫"与时俱进"，因此顺应时代的发展，我们得重新来理解"三年无改于父之道"的含义。

我觉得把"道"理解得更高一点，更"空"一点，更深入一点，可能会更好。我们要传承的，不是简单的"父之道"，不是父亲的职业或者事业，而是家风、家训、价值观。虽然有的父亲不懂移动互联网时代的各种潮流，但他告诉孩子要做一个好人，不要坑蒙拐骗，这种价值观就值得传承下来；有的父亲教导孩子说话要"一口唾沫一个钉"，这种守信的家训也要传承下来。

不同的家庭有不同的家风、家训、价值观，那些积极的、向上的家风、家训、价值观如果能够继承下来，三年无改，甚至再延续得更长久，会对塑造孩子优秀的品格有积极的作用。

　　孔子这段话现在看来确实具有一定争议性，但对于古人的理念和行为，我们不能简单地用自己所处时代的眼光去看待，而应该考虑到当时的社会背景。古时候，家族职业的传承是非常常见的，父亲是个铁匠，儿子很大可能也是铁匠，比如康德的家族成员很多都是马具师。当时的工匠若要开业，必须加入行会，也就是行业工会。由于行会对同一个地区的店铺数量有严格的限制，所以嫁娶、生子就成了许多人挤进这个行业圈子的唯一方式，行业的继承者一般是行会师傅的儿子。因为这样，行业工会被一辈一辈地传下来，一个家族的职业往往几百年都不变。

　　古代人如果改行，就可能意味着整个家族的手艺失传，甚至可能让整个家族的生活陷入困境。比如全村就靠某家人修马鞍养家糊口，但传承到某一代的时候这家人突然不修了，就可能导致全村都失业，得重新再培养新的马具师，甚至另谋出路。

　　因此，当下我们对这句话的理解，不妨更灵活一点，将古人的经典语录进行重新解读，挖掘出更现实的意义。

本节打卡小知识

　　古人对"孝"尤为看重，宋朝有个叫陈侃的人，双亲在世时非常孝顺，父母有病则衣不解带地每天陪在床前，亲自为父母熬药、喂药，父母去世后则悲痛欲绝。他的德行也在家族内得到效法，有"孝传五世"的说法，后朝廷赐匾"孝门陈君"，被大家称为"陈孝门"。

当我们贫穷时，如何自在地生活

子曰："君子食①无求饱，居无求安②，敏③于事而慎于言，就有道而正焉④，可谓好学也已。"

注释：

①食：这里指饮食。

②安：安逸，舒适。

③敏：勤勉，"敏于事"指工作非常努力。

④就有道而正焉：就，靠近、接近；有道，指有道德与学问的人；正，纠正。这里指接近有道德与学问的人，向他们学习并纠正自己的缺点。

这一段话很有力量。

"食无求饱，居无求安"：我们在物质上解决了基本的温饱问题、住房问题，也就足够了，即便只是租住的居所，稳固安全就好。

但在孔子的那个时代，很少人能真正解决温饱问题。连他最得意的学生之一颜回，都是营养不良的状态，居在陋巷，吃饭的时候连碗都没有，用菜叶子卷点东西果腹，拿个瓢舀水喝。

但是孔夫子却说"君子食无求饱，居无求安"，让我们别一心追求物质生活。

孔夫子提醒我们，如果你特别希望食求饱、居求安，只想着谋求更好的物质条件，比如有的同学追求吃得更好、穿得更时尚、用的电子产品更高级，那就失去了学习东西的纯粹之心。而你年少的时候，是学东西的最好时机，因此，你不妨用"君子食无求饱，居无求安"这句话勉励自己。

"食无求饱，居无求安"，意味着一个人在还没有获得理想中的物质条件时，已经立该开始学习了。不是非要等到安居立业、衣食无忧，人才能去学习和成长。物质的压力是很大，但这并不代表我们没有时间和能力去充实我们的精神世界。

"敏于事而慎于言"中的"敏"指的是勤勉，它的对立面是拖沓和迟钝。

一个人为什么会拖沓、迟钝？大抵是因为缺乏生活目标，也不够自律，没有目标就没有动力，不够自律就不能约束自己的行为，自然也无法全心全意做一件事。也有很多人是囿于物质条件，比如有的学生，总觉得"我没有其他同学家庭条件好，所以我学不进去是自然而然的"。这其实源于他内心没有力量，自尊体系还不够高，找不到奋斗的热情。

"慎于言"就是不夸夸其谈。很多人都喜欢夸夸其谈，蒙蔽自己也欺骗他人，只是利用语言虚张声势而已。明明做不到的事情也非要说自己能做到，这样是不可取的。

"有道"代表有道之人，就是你要好好地做事，去寻找那些能够帮助自己的人，向高尚之人学习怎么做人。

"正焉"，就是见贤思齐，向那些有学问、品德高尚的人学习。"可谓好学也已"，就是如果你能够把这几点做到的话，你便能算是一个好学的人。能够被孔子点名表扬认为"好学"，是相当不容易的一件事。

那么，什么是好学？好学就是不断地摆脱个人的动物性的过程。

我们每个人身上都有动物性和社会性这两种特性。假如动物性占了上风，天天想的就是吃饱、穿暖、住更好的地方、用更高级的东西，对物质有极度的追求，慢慢地，你就会发现这种欲望是没有止境的。如果不约束你的动物性，你会深陷于焦虑之中，被欲望主导，即使你在床底下塞很多钱，在墙的夹缝里塞很多钱，你依然觉得空虚。因为你是一个只为谋生的动物，没有意识到你作为社会的个体，也需要为集体做贡献。

当你能够做一个好学的人时，你便开始降低你的动物性，而去提升你的社会性。你的理性会逐渐代替欲望，能够感知到社会上还有其他人，我们不要只为了自己谋利，还要为了别人去付出、去协作。

希望我们都能时时反思，记住这段话："君子食无求饱，居无求安，敏于事而慎于言，就有道而正焉，可谓好学也已。"这一段话，是可以作为座右铭的。

孔子非常推崇"慎言"，他曾说"巧言令色，鲜矣仁"，不喜欢夸夸其谈、过于伶牙俐齿的人。

分享一个小故事：北宋有一个人叫郭京，金人攻打东京（现在的开封）的时候，他向当时的皇帝宋钦宗吹嘘自己会法术，可以击退金兵，结果派他去守城，很快就被击败了，此后便发生了著名的"靖康之耻"，据说本人也被守城将领杀了祭天。

不慎言会带来许多危害，轻则害人害己，重则误家误国，因此大家平时切记谨言慎行。

做一个有温度的人

孔子谓季氏①："八佾（yì）②舞于庭，是可忍③也，孰不可忍也？"

注释：

①季氏：季孙氏，鲁国的大夫。

②八佾：古代舞蹈人员八人为"一佾"，根据当时制度，八佾是属于天子专属的规格，其他官员不得使用这样的规格。

③忍：忍心，狠心。

孔子发出了一声振聋发聩的怒吼！

什么叫作"八佾舞于庭"？当时社会有着严格的等级制度，跳舞也是有严格的规制的。佾是古代乐舞的行列，行列数和人数纵横皆同曰佾。普通人家，比如士人，可以有两列人跳舞；卿大夫，可以有四列；诸侯，可以有六列；只有国君、天子，才可以用八列。不同级别的人群只能根据自己的身份地位安排舞蹈规格，否则就属于欺君犯上。

季氏作为贵族，比鲁君的地位要低一层。但他有权有势，财力雄厚，也有足够的军事实力，他在自己家里安排歌舞表演的时候，居然有六十四个人一起跳舞，这明显是违规的。

所以孔子听说了这件事情，特别生气。他几乎是义愤填膺地说："是可忍也，孰不可忍也？"

这句话我们几乎每个人都说过，但往往把它理解错了。我们的理解是"我再也不能忍了，这事如果能忍下去，那以后没有什么是不能忍受的了"。

什么叫作"是可忍，孰不可忍"？孔子的意思是：连这样的事情他都忍心去做，那还有什么事是他不忍心去做的？

梁漱（shù）溟（míng）先生解释得特别好：要把善理

解成一个动态的东西。每个人的内心都有向善的力量，这就是人性本善的含义。可既然人性本善，为什么有人会做坏事呢？核心就在"忍"上。一个人能够做坏事，是因为他忍心去做坏事，忍心去看别人痛苦。

影视剧、小说里所描述的很多坏人，在要做坏事之前都会把心一横。什么叫把心一横？就是收起了向善的心，拒绝和他人的共情，更不会去关心别人的想法，此刻的他们认为个人利益更重要，面子更重要，地位更重要。当一个人为了外在的东西把心一横时，坏事往往就发生了。

孔子说"是可忍也，孰不可忍也"，与上述情况也是异曲同工——连这样的事情，他都能够忍下心去做，那还有什么样的事是他不忍心去做的？

刘备曾说过："勿以恶小而为之，勿以善小而不为。"坏的事哪怕看上去很微小，但只要开始做，就会一次又一次打破自己心里的底线，"忍心"的力量也会变得越来越大。先做一件不起眼的小坏事，接着做一件中等的坏事，再接着做一件更大的坏事，这个世界上的坏人，不就是这样一步一步地走向道德滑坡，变得越来越糟糕的吗？

综上，"是可忍也，孰不可忍也"的准确含义，并不是说我们要忍受与忍耐，而是我们要控制自己的内心，做一个"不忍心"的人。

这是一个非常有力的开篇，第三篇大部分的内容，都是关于礼的探讨。

本节打卡小知识

作为儒学另一位代表人物，孟子也始终认为做人应该要坚持自己的底线，他曾说过这样一句话："富贵不能淫，贫贱不能移，威武不能屈，此之谓大丈夫。"说的是在富贵时、在贫穷时、在强权压迫下都要坚守自己的原则。

我们如何应对生活中的不确定性

子曰："不仁者不可以久处约[1]，不可以长处乐[2]。仁者安[3]仁，知[4]者利[5]仁。"

注释：

①约：贫困，困顿。

②乐：安乐，安逸。

③安：安于，对某种状态感到满意。

④知：同"智"，智慧的，聪明的。

⑤利：有多种解释，一说为"以……为利"，另一说则为"有利于"。

"不仁者不可以久处约，不可以长处乐"，一个不仁的人，无法长期待在困顿的环境之下，也无法长久地安于好的环境。如果生活变得很糟糕，他为了摆脱困境，将无所不用其极，做很多冒险的事；而当他过上富裕的生活后，时间一久，则可能会陷入小人得志或者乐极生悲的境况中。

　　为什么一个不仁的人，不论贫穷或者富贵都可能出现问题呢？原因很简单，不仁的人，他的内心是为外物所奴役的，他高兴与否、幸福与否，都取决于外在的物质，取决于外人的评价。

　　与此相对的，是仁者既可以"久处约"，也可以"长处乐"，"约"和"乐"都只是外在的状况，这无法影响他内心的平静。

　　仁者不为外物所奴役，有自己的天命和自己的理想，如同颜回，"一箪食，一瓢饮，在陋巷，人不堪其忧，回也不改其乐"。无论在多么简陋的环境里，哪怕肚子都填不饱，他都能够每天开开心心地生活，追求自己认为正确的东西。

　　反观当下，人们大都生活在"不可以久处约"也"不可以长处乐"的状态里。不妨问问自己，我们一年中有多少天是发自内心地感受到快乐的？很多人工作的时候总期待放假；处于假期中又觉得无法忍受平淡的生活，必须来一场说走就走的旅行；真的去旅行了，一路上却开始抱怨，觉得舟车劳顿，旅途似乎没有想象中的浪漫，恨不得赶紧回家。永远活在一种不知足的状态中，本质其实就是内心的不充实。

"仁者安仁，知者利仁。"仁者以仁为安身立命之根本，"仁"是内心的原则。在仁者眼里，哪怕环境再恶劣，也是"君子居之，何陋之有"。他看一个地方好不好，不在于其是否富丽堂皇，是否环境优美，而在于这个地方能不能让自己内心平静。

"知者利仁"存在多和不同的解释。可以理解为智者以仁行利。智者能够将"仁"发挥出更大的价值，运用"仁"帮助更多的人，可以理解为以利养仁。一个人就算生活富足而美好，能够"长处乐"，依然应该用"仁"来修炼自己的品行。还可以理解为智者对仁有利。智者可以为"仁"赋能，在"仁"这件事情上能有更多的发挥，可以做更多的事情，使得"仁"的边界不断地扩充。因此，孔子说"仁者安仁，知者利仁"。

此处，我要给读者推荐一本书——《自尊》。这本书对"仁"和"不仁"做出了心理学的界定。

《自尊》讲到，拥有较高的自尊水平的人，接近于孔子所说的"仁者"，他有着稳定的高自尊，无论外在的环境如何变化，他都能够保持乐观的心理。如果一个人处于低自尊的状态，他就会活得很痛苦，因为他对自己的评价、对生活的追求，完全取决于外在环境的变化和反馈，这就是"不仁"的状态。

我们可以用孔子的这句话来自省，努力做一个既可以"处约"，也可以"处乐"的人。人生起起伏伏是常态，用作家麦家老师的话，叫"人生海海"。你说不清什么时候会过上好的生活，什么时候又会忽然跌入谷底。

生活充满不确定性并不可怕，无论生活好坏都不接受，那才最可悲。

清代名臣曾国藩在给弟弟的信中曾写过这样一首诗：左列钟铭右谤书，人间随处有乘除。低头一拜屠羊说，万事浮云过太虚。

这里"左列钟铭右谤书"说的是案台左边放满了朝廷的嘉奖令，右边放满了谩骂和诋毁自己的信札。曾国藩正是以这种方式来警醒自己：要用豁达的态度面对一切荣誉和诽谤（fěi bàng）。

无论境遇如何，都要活得坦荡、畅快

子曰："富与贵，是人之所欲^①也；不以其道得之，不处^②也。贫与贱，是人之所恶也；不以其道得之，不去^③也。君子去仁，恶乎^④成名？君子无终食之间违仁，造次^⑤必于是，颠沛^⑥必于是。"

注释：

①欲：向往，渴望。

②处：接受，接纳。

③去：摆脱。

④恶乎：恶发音 wū，"恶乎"意为怎样。

⑤造次：匆忙、仓促。

⑥颠沛：困顿挫折。

孔子很少说这么有力的话，但这句话真的是振聋发聩、超乎寻常。

"富与贵，是人之所欲也；不以其道得之，不处也。"富与贵是人们都想要的，但是如果不以正当的、符合道的手段去获得，他是不接受的。

孔子做过中都宰、大司寇，假如他曾经贪污、谄媚或者拉帮结派，是有可能变得富与贵的。但是用这些方法获取的富贵，孔子非常不屑。在他看来，即便通过这些途径飞黄腾达，但内心惶恐，无法平静，那也是不值得的。

"贫与贱，是人之所恶也"，人们都不喜欢贫贱，但是"不以其道得之，不去也（'不去'也可以读成'弗去'）"，意思是如果不用正当手段来摆脱贫困，那宁愿继续穷下去。

"君子去仁，恶乎成名？"如果一个人内心没有仁德，怎么能够成名呢？这里的"成名"和现代的"成名"有所不同。古代因为交通信息不发达，能成名的几乎都是德高望重的人，现代人则可能因为某件事情在网络疯狂传播便成为"名人"，可以说门槛与标准都低了很多。这里的"成名"是以当时的标准来进行衡量的。

"君子无终食之间违仁","终食"是吃一顿饭的意思,即使是吃一顿饭的时间,君子都不会违反"仁"。这听起来是一件非常困难的事,似乎是要求一个人时时刻刻都提醒自己不能违反仁德,但孔子却能做到,为什么呢?

梁漱溟先生曾指出,孔子最大的特点就是"不找",也就是不刻意。因为内心坚持"仁"的准则已经成为习惯,孔子可以做到"从心所欲,不逾矩",而不需要刻意地约束自己。

比如吃饭时,别人为自己上了菜,我们要向对方道一声"谢谢",这需要刻意为之吗?需要不断地提醒自己吗?如果我们养成了道谢的习惯,根本不需要刻意地提醒自己,一切举动都是自然而流畅的,根本不需要用力地约束自己。

看一个人的修为、修养,绝不能只看他如何对待自己和亲近的人,还要观察他怎么对待普通人、陌生人,这是我们从"无终食之间违仁"这句话中得出的启示。

"造次必于是,颠沛必于是"说的是哪怕遇到再紧急的事情,哪怕境遇再不好,甚至处于颠沛流离的状态,也应该自然地保持"仁"的状态。

据传王阳明当年逃难时,形势极其严峻,宁王已经派人追杀过来了，王阳明要第一时间坐自己的官船离开。此时，所有人都慌慌张张地收拾东西，王阳明站在那里，冷静地说："有个东西没带。"

大家疑惑。王阳明说："没带顶盖。"顶盖是官船的重要标志，如果船没有顶盖，别人就认不出，到时候可能连城都进不去。

这样一段极简单的文字、一个小小的场景，就向我们展现出了一个"仁人"：他在危急关头，内心依然是淡定的，依然可以清醒地去看待周围所发生的一切。他没有因为别人要追杀过来就六神无主、慌慌张张，说"什么都不要了，赶紧跑，逃命第一"。在"造次""颠沛"的境遇下，他依然处于遵从本心的，是自由的、宁静的、舒适的状态。"仁"是人们日积月累对自己行为准则的严格要求而形成的一种自然的、非刻意的、坦诚的状态。假如大家愿意去追求"仁"，就会理解孔子提的要求并不是一个高要求。当人们真的愿意让自己进入这种状态时，就会发现，我们根本不用使太大的劲去约束自己的行为，不需要在吃饭的时候，或者"造次""颠沛"的时候，刻意将自己变成另外一个人——你自始至终都是同一个人，自然能活得很坦荡、很畅快。

《世说新语》里有这么一个故事：夏侯玄有一次靠着柱子写字，碰巧遇上下大雨，一个雷电击中了他倚靠的柱子，他的衣服也被雷电击中烧焦了，旁边的宾客都吓得跌跌撞撞、慌乱不安，但夏侯玄依旧面不改色地在写字。

夏侯玄的表现，便接近孔子所说的"仁人"，不论周围发生什么事情，内心都是坚定无比、坦然镇定的。

什么样的价值观是值得敬佩的

子曰："君子喻[1]于义[2]，小人喻于利[3]。"

注释：

①喻：一般有两种解释，一种是明白，懂得；另一种是告知，说明。

②义：大义。

③利：利益。

关于这段话的解读有多种，一种解释认为，"喻"是明白、懂得的意思，君子追求的是大义，他每天思考、了解的都是与道义有关的大问题，而小人只考虑利益；另一种解释认为，"喻"的偏旁部首是"口"，因此应该和说话相关，即君子在讨论任何事情的时候都从大义出发，而小人在说任何事情的时候都是从利益出发。

"君子喻于义"与"小人喻于利"，诠释（quán shì）的是两种完全不同的人生观和价值观。这句话既可以对外使用，用来判断一个人更为看重的到底是利还是义，用来评估和识别他人的境界；也可以对内运用，用来审视自己，看看你跟别人沟通或者讨论问题时，是更多地关注义，还是更重视利，放于利而行。

孔子有次去见齐景公，齐景公将廪（lǐn）丘赐给他当作封地，却被孔子断然拒绝了。弟子问孔子为什么要拒绝，他的回答是："我听说君子无功不受禄，齐景公没推行我的主张，却要赏给我封地，只能说他太不了解我了。"随后，孔子和弟子们乘马车离开了。

从这个事例可以看出孔子的价值观，他向君主提出主张是为了个人的利益吗？显然不是。他是为了众多的百姓，因此在齐景公赏赐他一块封地的时候，他才会拒绝接受，因为他的主张并没有被真正推行。

这一节内容，不过短短的一句话，却简洁而充满哲思，发人深省，令人深思。

本节打卡小知识

《说唐演义全传》中讲述了唐朝名将薛仁贵的一个故事：薛仁贵早年尚未封侯之时，与妻子住在窑洞，靠王茂生夫妇接济度日。后来封官拜侯，前来府中送礼的人络绎不绝，但都被薛仁贵拒绝，只收受了王茂生夫妇送的"两坛美酒"。不料打开后却发现里面盛的是水，众人大惊，薛仁贵却表示："当初我贫穷时靠王茂生接济，如今我发达了，他送两坛水只是因为家境贫寒，但我懂他的美意。"

自此，"君子之交淡如水"的佳话广为流传。

内省是进步的最佳方法之一

子曰："见贤①思齐②焉，见不贤而内自省③也。"

注释：

①贤：贤人，贤者。

②齐：看齐。

③自省：自我反省。

这一段与《论语》中的另一个名篇"唯仁者能好人，能恶人"呼应起来了。

老子也说："善人者，不善人之师；不善人者，善人之资。"当我们遇到了比自己好的人时，他是老师；当遇到了不如自己的人时，他就是借鉴。

如果要用现代的书籍来理解孔子的逻辑，我推荐《他人的力量》。这本书阐述了人际关系对一个人的影响，我们周围的所有人，包括朋友、亲人、恋人、同事等，无时无刻不在改变着我们，帮助我们进行内省。

有一些人的价值观是反过来的，要么是"见贤不思齐"，看到别人表现得好，心中想的不是怎样变得与对方一样好，而是"他怎么还不出事"；要么是"见贤挑剔"，总能首先看到别人不好的地方，认为他虽然在有的事情上表现不错，但很多事情还是没有做到位。

还有一种人在"见不贤"，就是看到一件糟糕的事时，立即做"键盘侠"，在网上不断地骂人，释放暴戾之气，把自己全部的力量用在了情绪发泄上，只想着如何去规范和约束别人。

这两种人本质都是一样的，对他人严苛，对自己包容，最终导致的结果就是眼界越发狭隘，本人始终原地踏步，甚至退步。

孔子的核心是反求诸己，他做所有的事情，都着力于自我的提升，思考自己到底能够做些什么，以及如何才能做得更好。

无论是"见贤思齐"，还是"见不贤而内自省"，都是问自己："我能不能向他学习做得更好？""我能不能够从他身上吸取教训，不重蹈覆辙？"这都是在寻找自我的突破。

《论语》中还有一句话，"古之学者为己，今之学者为人"，跟这一节也是呼应的。我们学习，到底是为了提高自己，还是为了给别人看？

王献之是古代著名书法家王羲之的儿子，他曾问父亲写好字的秘诀是什么，父亲告诉他要将家中院子里十八口大缸里的水都用完，才能勉强打好基础。王献之便每天练习写字，练了几年后自认为小有所成，便写了一帖交给父亲。王羲之在其中一个"大"字上加了一点，然后退给他。王献之很不服气，交给母亲看，母亲指着王羲之加的那个点说道："你练习这么久，就这一点赶上了你父亲的水准。"王献之听完后感到非常羞愧，便不再自满，刻苦练习，最终成为举世闻名的书法家，与父亲合称为"二王"。

在这个故事当中，王羲之便是"贤"，王献之正是以他为目标，想向他看齐，才会奋发图强，最终达到目标。对时常自省的人来说，"贤"是目标，是动力，见贤思齐是一种非常优秀的品质。

近几年，"吃瓜"成了许多人非常热衷的一件事，甚至有人投入大量时间与精力在其中。"吃瓜"本身其实并没有问题，但一味沉迷"吃瓜"而无收获那便是浪费时间，如果能从这些事件当中吸取教训和经验，那么这个"瓜"也算没白吃。

本节打卡小知识

王阳明在《传习录》里有这样一句话："无我自能谦。谦者众善之基，傲者众恶之魁。"一个人做到"无我"的境界，就会自然而然变得谦虚。谦虚是人变得优秀的基础，骄傲则是人堕落的罪魁祸首。见贤思齐本质也可以说是"无我'，放低自己的姿态，才能学习别人优秀的品质。

自我约束的人，才是最自由的人

子曰："以约①失之者鲜②矣！"

注释：

①约：有两种解释，一说法为约束，谨慎；另一说法为节俭、节约。

②鲜：读 xiǎn，意为很少。

此处理解为一个人过分地约束自己，或者过分节俭而导致自己犯错，这样的情况很少见。

要想理解"以约失之"，不妨延伸一下，除了"以约失之"外，还存在很多"以……失之"。如"以奢失之"是因为过度奢侈而犯错，"以荡失之"是过度放纵而犯错。凡事都讲究适度原则，不论你过度做什么，几乎都容易出现问题，唯独自我约束过度，会少很多问题。

孔子的这句话并不代表"约"就是人生最高的境界。孔子自己就不喜欢太过拘谨，他喜欢自然、舒服、惬意，喜欢合乎中道。他的观点是：因为自我约束而犯错的人，犯错的可能性要比奢侈的人、放荡的人、纵容自己的人小得多。

需要注意的是，这里的"约"不是刻意的，而是自然而然的，因为孔子一直以来所提倡的最终目标是进入舒服、合适的状态，不放纵自己，也不需要过分地约束自己，将"约"养成习惯，变成刻在骨子里的基因。

所以，这句话描述的并不是一个完美的境界，而是认为与那些对自己要求不严的人相比，懂得自我约束的人要更好。

我认为自我约束包括心智与实践两个维度，在心智上做到自我约束，不会想着去做一些放纵的事情，可以坚定自己的志向；在实践中做到自我约束，不做奢侈无益的事情，能防止浪费时间，可以集中精力做好一件事。

自我约束是一种需要花费时间磨炼的品质，在这里，孔子只是提倡人应该对自己有一些约束。你可能还达不到中庸之道，还无法找到最舒服、最合适的状态，但在这之前，你可以先尝试着对自己有一些约束，慢慢培养这样的品质，至少比放纵自己要好。"以约失之者"毕竟是少数，给自己定一些规矩，不会有什么错。

本节打卡小知识

　　许衡是元朝末年的一名思想家，有次和朋友们赶路时发现一棵梨树，朋友们纷纷上前摘梨子吃，许衡却静坐在树下不为所动。

　　朋友问他怎么回事，他说："不是自己的梨，怎么可以乱摘？"

　　朋友笑他："乱世之中，这梨树哪来的主人？"

　　许衡反驳："梨树无主，难道我们的心也无主吗？"

　　自我约束其实就是许衡说的"心有主"，心中有原则和底线。

行胜于言

子曰："君子欲讷（nè）①于言而敏②于行。"

注释：

①讷：意为谨慎。

②敏：勤勉。

　　"讷于言"，指说得很少，不太会说话；"敏于行"，指行动快，执行力强，做事高效。简而言之就是少说多做。

　　作为当时著名的教育家，周围那么多学生天天找他请教，他每天都在输出知识和观点。因此，这段话更像是孔子的自我警醒，提醒自己少说话，多做事。

清华大学的广场上有一个日晷，日晷上刻着四个字："行胜于言"。"行胜于言"是清华的校风。

这样的做法有心理学的依据。《刻意练习：如何从新手到大师》《掌控习惯：如何养成好习惯并戒除坏习惯》两本书里，都提到过一个故事。老师将学生分成两组，教他们摄影。两组学生的考核标准不一样：第一组以拍摄数量的多少作为考核标准，第二组则以拍摄的最好作品作为考核标准。第一组学生天天拍很多照片；第二组学生花费许多时间在琢磨、研究理论、分析技巧上，他们拍摄的照片很少，最终选择一张自己最满意的作品提交上去。

所有的作品被混在一起进行评选，最后发现，最优秀的作品几乎都出自拍得多的这组。为什么？因为练得多，所以成长快。

这就叫作"坐而论道，不如起而行之"，想得再多，理论再丰富，远不如亲身实践一次。不管效果如何，动手操作至少很快能得到有用的反馈，因此我们要少一些高谈阔论，多一些实干精神。很多人批评北宋时期的文人，说他们不做实事，只是标榜自己忠君爱国。有一句话叫"无事（一作：平日）袖手谈心性，临危一死报君王"，说他们每天只是把手笼在袖子里，谈论类似心性之类的观点，到国家危难之际，就跟着国家一起灭亡。

他们是坏人吗？当然不是！他们不爱国吗？似乎也不存在，毕竟都可以随时为国家捐躯。但为什么会广受批评呢？就是因为国家衰败的时候，需要能做实事复兴国家的人，而他们只能"袖手谈心性"。

其实许多人在现实生活中有拖延症也是这个道理，比如有人给自己定下目标：坚持每天跑步。结果每天都给自己找不同借口，要么今天太累明天再跑，要么打把游戏再去跑，最终也不了了之，总想着明天再做这件事，殊不知"明日复明日，明日何其多。我生待明日，万事成蹉跎"，想一百遍，不如做一遍。

因此，不论你有什么想法，马上行动起来，在行动之前不要考虑是否一定能达到自己想要的效果，至少做一遍，让自己发现问题所在。

我们来了解一组人物对比——牛顿和莱布尼茨。

牛顿和莱布尼茨，两个人是一辈子的敌人。牛顿不爱说话，用一个又一个的物理学研究不断地震撼世界，总是提出各种各样深入的、令人惊叹的理论和方法。

莱布尼茨是外交家出身，他非常活跃，特别喜欢参加各种各样的宴会，到处高谈阔论。虽然莱布尼茨也是相当了不起的人物，但远没有牛顿对社会的实际贡献大。

这是值得借鉴和思考的案例。

其实，从古至今，关于理论与实践结合的名言非常多，比如陆游的"纸上得来终觉浅，绝知此事要躬行"，王阳明的"知者行之始，行者知之成"，以及著名教育学家陶行知先生提出的"知行合一"的理念。

给同学们出一个小问题吧：你想到了哪位名人说过类似的话呢？不妨写下来。

审视自己，让自己维持好的品行

子曰："回①也，其心三月②不违仁。其余，则日月③至焉而已矣！"

注释：

①回：这里指孔子的弟子颜回。

②三月：三个月，指代时间长，与后面的"日月"相对应。

③日月：一个月或者一日，指代短期内，与前面的"三月"相对应。

在《论语》当中，我们常听到孔子说"不知其仁"，几乎对所有人，他都不敢判断对方是否"仁"。一是因为孔子是谨慎的人，不敢轻易下定论；二是因为在孔子心目中，"仁"的标准非常高，一般人根本达不到这个标准。

但唯独对颜回，孔子非常确定地认为他是符合"仁"的标准的人，因此给出了"其心三月不违仁"这样的高度评价。

也许有人会说："三月不违仁"怎么能算高度评价呢？这里的"三月"只是泛指，孔子的意思是：颜回的境界真的很高，连续三个月都能够始终处在"仁"的境界中。可以连续三个月处于"仁"的境界，那么说明接下来三个月、六个月以及更长时间都可以，也就是说他可以始终保持这种状态。

而其他的弟子是怎么样的呢？

"其余，则日月至焉而已矣"：其他的人，能保持十天半个月处在"仁"的状态里也就很好了。

这样的对比是孔子对颜回极大的褒奖，也足以看出孔子对颜回的喜爱，无怪乎在和季康子对话时，忍不住感叹：不幸短命死矣！

相信大家会好奇，一个人在什么样的状态下，才能算作

"不违仁"呢？我个人想到了如下几点，这几点一天之内能做到都够呛：平和、淡定、喜悦、聪明、关爱、有行动力。

我们回忆一下自己最好的状态，可能是这样的：能够自我批评，却不会妄自菲薄；勇于进取，但不会利欲熏心。

想想看，我们的生活中有多少挑战、多少诱惑，会把我们从"仁"的状态中拽出来？困难、挫折、诱惑、误解……生活中不断出现的各种不确定性让我们动摇，让我们的情绪不断出现波动，从而无法维持"仁"的状态。

但是，颜回能够做到不为所动！这便是孔子对他尤为赏识的缘故。

每个人都会有"仁"的时刻，比如看到一本价值观比较正面的书，听了一堂关于自我成长的课，当时的我们都能够内省，能短暂地进行自我提升。但遗憾的是这种状态很难持续维系，往往不到两天，就又被"打回原形"了。

我曾经写过一本书叫《陪孩子终身成长》，里面提到无条件地爱孩子，要以终身成长的心态来看待孩子的错误。可能有些父母看完后，合上书的那一刻，他们觉得自己的状态很好，可当他们发现孩子对两位数加减法总是算不对时，就会有一股怒火冒出来，马上就"违仁"了。

"三月不违仁"是非常不容易的一件事，因为人是感性动物，很容易出现情绪波动。

前文曾提到过"君子无终食之间违仁，造次必于是，颠沛必于是"。孔子对"仁"的要求是非常高的，他希望自己时时刻刻都处在"仁"的境界中，不被外界的环境所影响。

"仁"的境界是非常难达到的，它不仅需要内心坚定，而且需要是不刻意的状态，也就是长期坚持"仁"而形成的一种自然而然的状态，所以孔子才会说"我欲仁，斯仁至矣"。要追求"仁"，不需要特别费劲，如果你费尽心力地去试图达到"仁"的境界，即使展现出"仁"的状态，那也算不上真正的"仁"，这就是梁漱溟先生讲的，孔子处于一种"不找"的状态。

《孟子·公孙丑上》里，有一句"必有事焉而勿正，心勿忘，勿助长也"。说的是每个人都要时时提醒自己保持"仁"的状态，向着"仁"的方向去审视自己，但是也不要强迫自己进入这种状态，否则就是揠苗助长了。"仁"不是装出来的，也不是演出来的，如果做不到"仁"，再使劲也没用。"仁"或者"不仁"，看的是心的状态，而不仅仅是外部表现。

在孔子看来，有的人可以称得上忠、信，有的人可以被称赞为清，有的人也可能被评价为简……忠、信、清、简，对普通人来说，这些都是不错的表现，但都算不上是"仁"。

对于这些人，孔子只能说"不知其仁"，因为只有从内心入手，我们才能够判断是否达到了"仁"的境界。

本节打卡小知识

梁漱溟先生是著名的儒学专家，他曾对家人说过这样一段话："其实我原是心强而身不强的人，不过由于心理上安然，生理上自然如常耳。你若是忧愁，或是恼怒，或是害怕　或有什么困难辛苦在心，则由心理马上影响生理（如呼吸、循环、消化等各系统机能）而起变化，而形见于体貌，乃至一切疾病亦最易招来。所以心中坦然安定，是第一要事。"

其实，这便是孔子说的"仁"的状态，可以说梁漱溟先生真正做到了学以致用，让自己成为一个仁者。

文质彬彬，然后君子：
内外兼修到底是什么

子曰："质①胜文②则野③，文胜质则史④。文质彬（bīn）彬，然后君子。"

注释：

①质：质朴，这里指人的内在本质。

②文：文化教养，这里指对外体现出来的品行。

③野：粗野，粗鲁。

④史：虚伪浮夸。

这段话是孔子去见了子桑伯子以后发出的感慨。子桑伯子认为孔子文胜质，孔子认为子桑伯子质胜文。"质"是一个人的内在本质，"文"是一个人的外在修饰。有些人学习能力强，有文化，但在表达的时候往往粗枝大叶、不拘小节，对别人不客气，或者在日常生活中不修边幅，这叫作"质胜文"。"质胜文则野"，一个人内在胜过外在，给人的感觉就是粗鲁。

举个例子，三国时期的"竹林七贤"很明显就是"质胜文"，他们文才出众，天资不凡，但外在却放纵不羁，仿佛跟世界不融合，就是要光着身子打铁、喝酒，将天地视为被褥，将房子当作衣服，觉得自己光着膀子见客也是很正常的，这就是"质胜文则野"。与"质胜文"相反的"文胜质"，则是指一个人尤其注重外在修饰，比如穿衣好看，会用香水，用时下流行的话来说就是打扮得很时尚，但是和他交流就会发现，虽然他外表光鲜亮丽，却不过是徒有其表，肚子里几乎没有一点墨水，这便是"文胜质则史"。

"西楚霸王"项羽可谓"文胜质"，他虽然自幼习武，可以一敌百，但打胜仗后不考虑未来的计划，反而想着回老家炫耀，声称"人富贵了不回家，就如同穿漂亮的衣服在夜里行走，根本没人看得到"。

对此，他身边的人忍不住私下说楚人是"沐（mù）猴而冠"，意思是楚人就像个猴子戴着帽子，假装自己是人一样，徒有其表。无论是"质胜文"，抑或是"文胜质"，在孔子看来都是不够的，他认为"文质彬彬，然后君子"，"文"和"质"要结合起来。

"文"和"质"是可以结合的，但是做起来也并不容易，因为它既对内在有要求，又对外在有讲究。

孔子是一个大学问家，他读了那么多的书，修《诗》《书》《礼》《乐》，精通六艺，在"质"方面完全称得上优秀，但他并不满足于此，在"文"上也下了许多功夫。

有一个细节，孔子对于自己行走的姿势都是有讲究的，比如上朝怎么走，退朝怎么走，回到家怎么走，见宾客的时候怎么走，这些都有区分，不同的情况有不同的要求，这是外在的文饰。因此，孔子完全配得上"文质彬彬，然后君子"这句话。

对于君子的定义，不同时代的思想家有不同看法。孔子认为"文质彬彬"才算君子，但明朝政治家张居正却提出了另一个定义："君子处其实，不处其华；治其内，不治其外。"在张居正眼里，只要"内"足够"实"，那么便算是君子，其实就是孔子口中的"质胜文"，可见张居正眼中君子的标准是低于孔子的。

这个时代，还需要正直吗

子曰："人之生也直①，罔（wǎng）②之生也幸③
而免！"

注释：

①直：正直，与后一句"罔"相对应。

②罔：欺骗，蒙蔽，与上一句"直"相对应。

③幸：侥幸，幸运。

孔子说，人这一辈子要想安身立命，靠的是走正道，是
正直。有人说：我看到别人弄虚作假、溜须拍马，似乎也活

得挺好的呀。孔子说：那只是侥幸。

"君子居易以俟命，小人行险以侥幸"，就是这个道理。

古往今来，那些留在史书上为人称道的人，莫不是以正直立足而流芳百世：屈原为国怒投汨罗江，陶渊明"不为五斗米折腰"选择归隐田园，魏徵直言进谏（jiàn）成为千古佳话，包拯为民请命被尊称为"包青天"，他们无一不是正直的人。"人之生也直，罔之生也幸而免！"不可否认，总有些人通过旁门左道获得成功，但那只是侥幸，大家不要羡慕。

韩愈也这么说过："惟君子得祸为不幸，而小人得祸为恒。君子得福为恒，而小人得福为幸。"意思是君子遇祸是不幸，得福是常理，小人则恰恰相反，遇祸是常态，而得福是偶然。

这句话可以给我们内心注入很强的力量，让我们摆正心态，让我们知道，选择做一个正直的人可能短期无法收获什么，但是长远来看，并不是一件吃亏的事。

我们需要知道的是，正直并不是一种孤立的品质，而是具有多种优秀品质后自然而然形成的品质。举个例子，正直的人一定是善良的，因为善良才能共情；正直的人一定是勇敢的，因为勇敢才能赞美善举，揭发不良行径；正直的人一定是常常自省的，因为自省才能不断发现自己的问题并进行改正。

看过武侠剧或者武侠小说的朋友一定有印象，大侠们最喜欢说的一句话便是：我行得正坐得直。为什么他们这么喜欢说这句话呢？因为这是侠者最基本的品质，连这种品质都没有，也就没有资格当大侠，更无法在江湖立足。

因此，孔子是用这句话提醒我们，想长久地、好好地发展，一定要正直。

本节打卡小知识

对于孔子这段话，明朝高僧蕅益大师曾这样批注："卓吾云：不直的，都是死人。"这句话可以说非常狠了。

李卓吾先生的意思是：不正直的人都是死人。也就是说这些人虽然活着，但没有灵魂，不过是行尸走肉罢了。足见古人对正直这一品质的看重。

这里也要提醒各位小伙伴，行走在现代社会，我们依然需要坚守正道，坚持正直，歪门邪道是一定走不远的！

中庸之道，到底是什么

子曰："中庸（yōng）①之为德也，其至②矣乎！民鲜③久矣！"

注释：

①中庸：中，折中；庸，普通，平常。

②至：最，极高。

③鲜：稀有，很少。

孔子说，中庸之道是最高的德行，但在生活中，已经很少见到了，老百姓早就没有接触过真正的中庸了。

这句话我们需要深入地解释一下。

关于中庸之道，有一个误解是大家认为就是"差不多就得了"，比如考试，满分 100 分的话，考个 60 分就行了，可以说是极大地曲解了这个词。

关于中庸，古人的解读大多比较接近，比如程颐曾是这样认为的："不偏之谓中，不易之谓庸。"儒学大家朱熹则认为："中者，不偏不倚，无过不及之名。庸，平常也。"整体意思差不多，都是不偏不倚便是"中"，稳定不变就是"庸"。

真正的中庸之道，是一种适宜、舒适到极致的状态，也是一种非常难以达到的境界。一个人做任何事，一出手就合适才叫中庸。

孔子甚至认为自己都做不到中庸，他说他一辈子都没有见过谁能够真正达到中庸。

中庸不是和稀泥，不是墙头草，不是"差不多就行了"的敷衍。我们用如下例子来解释中庸是什么，它有多难达到：

暴力不好，软弱也不好，勇敢才是中庸。

奢侈不对，吝啬也不对，慷慨才叫中庸。

自卑不对，自大也不对，自信就是中庸。

一个人无知，不愿学习，肯定不对，但如果他整天死啃书本变成书呆子，也不好，学以致用就是中庸。

无原则地溺爱孩子是不对的，但是对孩子不管不顾更不对，关爱就是中庸。

管理一家公司，完全放任的态度不对，但是事必躬亲又会变成独裁。放任和独裁是两个极端，而知人善用才是中庸。

相信看到这里大家都会明白：所有美好的事情都需要遵循适度原则，当你能把每件事的尺度都把握得刚刚好，那么便掌握了中庸之道。

孔子说"民鲜久矣"，为什么老百姓要做到中庸很困难？因为古代平民的生活是很艰辛的，光是为了生存下来就要耗费大量的时间精力，根本没有能力去考虑中庸之道。

中庸的难点在于，要想把每件事情都做得恰到好处，需要思考、探讨、切磋，这个过程将耗费许多时间和精力，人们会判断那件事是否值得这么付出。而为了更简单地达到目的，很多人便选择直接甚至粗暴的方式解决问题。

其实不光古代，即使到现代社会，中庸依然是很鲜见的品质。虽然人们的生活水平相较于古代已经有极大的提升，但人的精力是有限的，而日常生活需要留出大量的时间和精力去做一些事情——工作、学习、吃、喝、玩、乐等，自然没有精力去思考其他东西。

当然，这对于我们每个人也是一个机会。因为人们的大脑都不愿意接受复杂的东西，如果我们愿意下点功夫，认真地思考，有一些批判性思维，就会进步很快，这就是学习的好处。

本节打卡小知识

一直以来，中国人对中庸之道都推崇备至。

鲁迅先生曾在他演讲的《无声的中国人》中讲过这样一段话，来形容中国人的中庸之道："中国人的性情是总喜欢调和折中的。譬如你说，这屋子太暗，须在这里开一个窗，大家一定不允许的。但如果你主张拆掉屋顶，他们就会来调和，愿意开窗了。"

这段话初看有些好笑，但细细读来，却颇有深意。

做事情之前，要深思熟虑

子曰："刚①、毅②、木③、讷，近仁。"

注释：

①刚：坚强。

②毅：坚忍。

③木：纯朴忠厚。

"刚"是坚强的意思，也有人解释为"少欲"，无欲则刚。孔子曾说，他没见过一个人能够做到真正的刚。有人跟他说申枨（chéng）这个人怎么样，他说"枨也欲，焉得刚"，意思是一个人欲望过剩，就不会刚。

相信有同学会好奇：为什么欲望强大的人就很难强大呢？因为许多人会被欲望支配自己的行为，导致不一定能做正确的事情。

东汉时期，有一名官员叫杨震，他曾提携（xié）过一名秀才，对方为了感谢他的提携，也希望他以后可以多关照自己，便带着十斤黄金去拜访他。杨震看到很生气，训斥他："我们都是老朋友了，为什么你还要这样做呢？"

对方则表示："现在是半夜，没人知道这件事，您就收下吧！"

杨震义正词严地反驳："天知地知，你知我知，怎么会没人知道呢？"对方这才羞愧离开。

杨震没有被欲望支配，在这件事情上，称得上"刚"。

"毅"是坚忍，坚忍的人不容易屈服。什么是坚忍呢？孟子曾说过一句话："富贵不能淫，贫贱不能移，威武不能屈。""富贵不能淫，贫贱不能移"是刚，不受外在的物质、环境甚至欲望的影响；"威武不能屈"就是毅，坚持道义而不会屈服。

"木"是纯朴忠厚。明代思想家吕新吾的《呻吟语》中将人才做了这样的区分：深沉厚重，是第一等资质；磊落豪雄，是第二等资质；聪明才辩，是第三等资质。《周易》里也有这样一句话：地势坤，君子以厚德载物。君子要用宽厚的道德来包容万物，可见古人对这一品质看得很重要。

"讷"在之前的文章中提过，指说话少而谨慎，就是我们常说的"慎言"。

南北朝时期有个将军叫贺若敦，对着朝廷使者抱怨自己功劳大但是官职太小，惹怒了当时的皇帝，便命他自杀。贺若敦自杀前，特意将儿子喊到跟前，对他说："你爹我落到这个地步，全是因为这张嘴，你以后一定要慎言！"儿子连连答应。他怕儿子记不住这个教训，还让儿子伸出舌头，用锥子扎出了血。但没想到的是，他儿子后来犯了和他一模一样的错，最终也被皇帝处死。

正是因为历史上祸从口出的案例太多，所以"讷"才成为许多圣贤推崇的品质。

孔子认为拥有刚、毅、木、讷四种品质的人，就非常接近"仁"的状态了。

人是感性动物，这使得绝大多数人在生活中常常被不同的事物——欲望、情绪、人际关系等所影响，因此很难进入那种深沉厚重的状态，但只要勤思考，少说多做，便可以慢慢接近"仁"的状态。

本节打卡小知识

日本作家神农祐树写过一本书叫《内向优势：性格内向者的潜在竞争力》，里面有这样一句话：鸭子和天鹅其实没有什么优劣之分，但以为自己是鸭子的天鹅一定很辛苦。少一些迎合，多一些思考，就能成为一个深思熟虑的人。

好的文章，是情感和价值观的自然流露

> 子曰："有德者必有言①，有言者不必有德。仁者必有勇②，勇者不必有仁。"
>
> **注释：**
>
> ①言：发言，言论。
>
> ②勇：勇敢。

春秋战国时期，外交家叔孙豹曾和范宣子讨论过一个问题：怎样才算"死而不朽（xiǔ）"？

范宣子认为，他的祖先从前朝几百年开始就世代为贵族，香火不断，家族显赫（hè），这就是不朽。

叔孙豹却不这样认为，他说不朽有三个境界："太上有立德，其次有立功，其次有立言。"这就是著名的"三不朽"：立德、立功、立言。

孔子说"有德者必有言"，意思是当一个人德行修养极高的时候，就一定能够说出有价值的话，有名句可以流传下去。

为什么有德者必有言？因为有德者内心充盈（yíng），常常能不经意间说出许多有意义、有哲理、触动人心的话，他们不需要挖空心思造句，更不需要"两句三年得"凑出一篇文章，光是将自己内心的真实想法释放出来，就已经足够有感染力了。

那些行云流水、流传千古的文章之所以会令人赞叹不已，不是因为刻意地堆砌（qì）辞藻和典故，而是因为它们是从作者的内心自然而然地流淌出来的。

王勃站在滕王阁，望着周围无限风光，一口气写下《滕王阁序》，"落霞与孤鹜齐飞，秋水共长天一色"成为千古名句。

李白在颍（yǐng）阳山居与好友饮酒作乐，席间趁着酒兴抒发内心感想，"天生我材必有用，千金散尽还复来"令人拍案叫绝。

南唐后主李煜（yù）被囚禁在汴（biàn）京，国仇家恨涌上心头，"问君能有几多愁，恰似一江春水向东流"写尽内心痛楚。

苏东坡也是如此，不刻意为文，而文绝千古；不刻意为人，而名重九州。

几乎所有千古名篇和绝句，都是一个人内在情感和志向的自然流露，并非造作堆砌而成的。

"有言者不必有德"是什么意思呢？有些人精通文史哲，有些人可以写非常优美的诗词，有些人能时不时说出几句经典语录，但他们的道德不一定非常高尚，因为才华并不一定和道德成正比。

"仁者必有勇"：一个心怀仁德的人必然有极大的勇气。所谓"仁者无敌"，就是内心信念坚定，即使面对强大数倍于自己的敌人和困难也毫不退缩。

"勇者不必有仁"：一些所谓的"勇者"看似勇猛过人，并不是因为心中怀有仁德的信念，只是意气用事、好强斗狠而已，这就是我们常说的"匹夫之勇"，这样的勇敢是简单粗暴的。

　　我们读《水浒传》时，也会发现一些过分勇猛的角色，比如李逵一旦杀起人来，就杀红了眼，不管对方是不是老弱妇孺。这种人看起来刚猛，但归根结底只是鲁莽和无知带来的匹夫之勇。

　　综上，拥有"德"，你自然会有"言"；拥有"仁"，就会表现出"勇"。然而，不论是"言"还是"勇"，都是"仁"的一种外在表现，我们要追求的是由内而外、自然而然地表达自我。内心有"德"有"仁"，便自然会做出最好的判断，表现出最好的自己。

　　孔子倡导的"仁"一直是儒家思想的一大核心要素，也成为中华传统道德中不可或缺的优良品质，从《中庸》的"智仁勇三达德"，到《孟子》的"仁义礼智四端"，再到汉朝董仲舒《举贤良对策》（一）中提出的"仁义礼智信五常之道"，"仁"一直都是儒家思想的主体要素，并不断被丰富。

脚踏厚土，仰望星空

子路问成人①。子曰："若臧（zāng）武仲②之知，公绰（chāo）之不欲，卞（biàn）庄子之勇，冉求之艺，文之以礼乐，亦可以为成人矣。"曰："今③之成人者何必然？见利思义，见危授命，久要④不忘平生之言，亦可以为成人矣。"

注释：

①成人：完美的人。

②臧武仲：春秋时期政治家，曾在齐国实施"重农商，奖耕织"的政策，助力国家繁荣。

③今：如今，现在。

④久要："要"读 yāo，"约"的假借字，长久处于贫困的状态。

子路问孔子：怎样才能够成为一个完美的人？

　　孔子从几个方面阐述了完美的人应该有的品质，并且还针对每个品质，列出了相关的代表人物。

　　"臧武仲之知"：臧武仲是鲁国的大夫，很聪明，在当时是非常有智慧的代表。

　　"公绰之不欲"：像孟公绰一样，不贪婪，没有过分的欲望，这里代表自制。

　　"卞庄子之勇"：卞庄子是鲁国最勇猛的一个大夫，他有多勇呢？《荀子》中是这样记载的："齐人欲伐鲁，忌卞庄子。"齐国多次想向鲁国发起进攻，但只要卞庄子在，就不敢打。

　　"冉求之艺"：冉求是孔子的弟子，虽然孔子多次批评过他，但也曾夸他多才多艺，他拥有出色的军事能力和政治能力，是当时难得的全才。

　　虽然一个人同时具备有知、不欲、有勇、有艺四种品质已经很优秀了，但孔子认为这还不足以称作"成人"，他指出还需要"文之以礼乐"，就是还要接受礼乐的教化和洗礼，这个人才算是人格完备了。

　　接下来这句话有一定的争议性，有人认为是子路说的话，并未完全认同孔子观点，提出了自己的想法；也有人认为是孔子对之前说的观点进行的补充说明。

"今之成人者何必然？"现实生活中的完人是怎么样的呢？

"见利思义"就是不见利忘义，虽然有利益摆在眼前，但依然能考虑到道义的问题，不符合道义的利益坚决拒绝。

"见危授命"是指遇到危险的事，能够舍生取义。

"久要不忘平生之言"是指哪怕长期处于困苦之中，也不忘记自己在此前许下的诺言，依然保持一诺千金的品质。

如果以上是子路讲的话，似乎可以解释得通，因为看上去子路是在补充老师的说法，他认为老师的想法太完美，现实中没有几个人能做到，因此降低了"成人"的要求。但从《论语》里对子路的描述来看，他很难说出这么"漂亮有力"的话。

所以，这句话极有可能是孔子说的。孔子先以贤者举例，跟子路列出了想成为"成人"的"完美模板"，但仔细一想又觉得一般人很难做到，就降低了要求——只要做到"见利思义，见危授命，久要不忘平生之言"，也算得上是"成人"了。

不论这段话是出自谁之口，这里提到的三个品质其实要求并不高，希望同学们也可以谨记。

第一，不要为了利益出卖自己的道义，要守住自己的底线和原则。

第二，遇到危险的时候要勇敢站出来，勇于承担责任。

第三，不要轻易许诺任何事情，一旦做出承诺，要努力去兑现。王尔德说"生活在阴沟里，但依然有人仰望星空"，纵使不幸面临长期的贫困，也永远不要忘记去仰望星空。

本节打卡小知识

相信不少同学都听过"一诺千金"这个成语，但是你知道它是怎么来的吗？

西汉初年有个叫季布的人，他为人正直，非常讲信用，只要答应的事情，不论多困难都会去做，当时有人称赞"得黄金百斤，不如得季布一诺"，于是"一诺千金"的说法便流传至今。

也许有人觉得自己做不到季布的程度，但至少，我们在生活中，在与他人的日常交往中，要把自己对他人的承诺放在心上。《后汉书》中记载了范式和张劭的故事，两人因此留下了"鸡黍之交"的典故，这个典故非常动人，在此分享给大家。

　　范式年轻的时候在太学游学，和张劭成为好朋友。后来，两人都要回乡了。

　　范式对张劭说："两年后我会回京城，还会去拜访你，看看你的父母和孩子。"

　　后来，约定的日期快到了，张劭让母亲尽快布置好酒食恭候好友。

　　母亲不以为意地说："也许他两年前只是随口一说吧，分隔这么久，又千里相隔，你为什么这么相信他呢？"

　　张劭肯定地说："他是讲信用的人，一定不会违背约定的。"母亲听了，于是开始酿酒杀鸡，准备迎接范式。

　　到了约定的那天，范式果然来了，二人推杯换盏，十分畅快。

自信的人，从不吹嘘自己

叶公问孔子于子路，子路不对[1]。子曰："女[2]奚（xī）[3]不曰：'其为人也，发愤忘食，乐以忘忧，不知老之将至云尔。'"

注释：

[1]对：回答。

[2]女：同"汝"，读 rǔ，意为你。

[3]奚：为什么，怎么。

叶公是叶县的地方长官，可能原来有个小国叫叶国，被吞并了以后，就成为叶县。

叶公本名叫沈诸梁，在《论语》中出现了好几次，在历史上也很有名。叶公跟孔子不熟，孔子周游列国，到了叶邑（今河南省平顶山市叶县叶邑镇），叶公就问子路："讲讲你的老师吧，孔子到底是个什么样的人？"

子路嘴比较笨，概括不出来，就告诉孔子："叶公问你是个什么样的人，我不知道怎么说，就没说。"

孔子对子路说："你为什么不这么跟他讲：'他工作起来非常努力，连饭都忘记吃。他非常享受这样的状态，把烦恼都抛在脑后，高高兴兴带着学生不断地学习，周游列国。虽然他年龄已经很大了，但是他浑然不觉岁月的流逝，还觉得自己活在年轻的状态当中。'"

这是孔子对自己的评价，相信许多人看完这段话的第一反应是孔子会不会有点自吹自擂（léi）了？

在社交活动中，一个人如果在介绍自己的时候不断"吹嘘自己"，则有两种可能性。

第一种是缺少内涵，希望通过语言来包装自己。有句话说"缺什么就炫耀什么"，是有一定道理的。比如有些人介绍自己时过分地强调头衔（xián）、职称等标签，这种介绍方式往往表示这个人是华而不实的，才需要用这些东西来装饰自己，这一行为的本质在于希望获得别人的认同。

当一个人自我介绍时过分突出身份性自我，强调并放大这种社会属性时，其压力自然会变大，因为别人会用这些标签去要求他，他的言谈举止必须配得上自己的身份。

第二种则是自信并坚定，向别人介绍一些实际的、有深度的、经得起考验的信息，这种人并不在意别人的认同与否，孔子便属于这种。他说自己工作努力、享受快乐、带学生学习、活得很年轻，这些看上去是在自我吹嘘，但也确实是事实。因此，孔子这样介绍自己的时候，是坦荡而放松的，不存在任何顾虑。

就像诗人李白说的"天生我材必有用""我辈岂是蓬蒿（hāo）人"，词人柳永说"才子词人，自是白衣卿（qīng）相"一样，看上去好像是自吹，但并没有人会反驳他们。为什么？因为他们说的确实是事实。他们不是借助外在的地位、荣誉等来吹嘘自己，而是坦然地表达了自己内心对于自我的认知。

当一个人经常性地回归到本质性自我，去看自己的特点的时候，会很轻松愉快，内心很有力量。

人们在社会中觉得压力大，就是因为脑子里常常想的是身份性自我，关注自己又获得了什么身份，对不对得起自己的头衔，万一别人瞧不起自己怎么办。

但其实不妨仔细想想：有人会瞧不起一个正直的人吗？哪怕这个人只是一个贩夫走卒，你会瞧不起他吗？不会！因为他的本质比钻石更珍贵。

当我们能回到自己的本质，更多地看到自己内在的生命特性，而不是外在身份的时候，压力状态就会改变，人就会变得轻松、愉快、自信，做事有章法。

其实孔子自我介绍的时候，完全可以说自己是教育家、思想家，但是他并没有这样说，而是介绍得很具象，因为那些称呼对他来讲太不值一提了。即便流落至此，孔子也没有想到去说那些外在性的东西。

希望大家在读这一节的时候，能够体会到其中的深意，多学习，去丰富自己的内在，而不要追求那些虚无缥缈的头衔。

　　一直以来，古人都号召人们放弃"身份感"。早在《论语》之前的《周易》中便有一句这样的话："谦谦君子，卑以自牧也。"说的是道德高尚的君子，都会以谦卑的理念来约束自己。真正的君子，都是"功高不自居，名高不自誉，位高不自傲"的，同学们不妨多思考这十五个字的内涵。

"缺点 + 缺点" 的破坏性

> 子曰:"狂而不直[①],侗(tóng)[②]而不愿,悾(kōng)悾[③]而不信,吾不知之矣!"
>
> **注释:**
>
> ①直:正直。
>
> ②侗:意为幼稚、无知。
>
> ③悾悾:意为看上去诚恳。

孔子说了三种完全没有可取之处的品质。

第一种是"狂而不直",狂不是一种好品质,不正直也不是好品质，这样的品质组合在一起自然毫无可取之处。

第二种"侗而不愿"也是这样，"侗"是幼稚无知的状态，"愿"是谨慎老实的意思，无知的人还不谨慎，虽然看上去可能没有大问题，但其实非常容易闯祸。

第三种"悾悾而不信"中"悾悾"是指看上去很诚恳，这样的人如果不讲信用，那便是虚伪，也是毫无可取之处。

面对这些人，孔子表示自己也不知道该怎样去帮助他们了，他无话可说了。一般孔子说"吾不知之矣"的时候，就是代表着对一个人极大程度的否定了。

每个人都有自己的优缺点，有缺点不要紧，可以用优点来平衡和补足。如果一个人的优点不断增多，那慢慢地，优点与优点就会相得益彰。比如，一个人谦虚，就可能会好学，也会合群、友爱，最后会变得智慧和仁厚。这些优点是相互关联、相辅相成的。

但是，如果将缺点放在一起，它们的负面影响就会加强，并陷入一个恶性循环。一般来说，狂傲的人直爽，愚笨的人厚道，老实而无能的人诚言，这都是正常的状态。如果一个人狂放但是不正直,一个人无知却又不厚道,一个人看起来很老实却到处骗人,不同缺点叠加在一起,这个人就会非常糟糕。

一个人如果内心正直,一定可以在这个世界上立足。哪怕你天资比较愚钝,但你像《士兵突击》里的许三多一样,忠厚而真诚,愿意努力地学习,也可以很好地立身。如果一个人表面狂放,但是内心正直,也还是能够得到大家的认可。孔子说,最怕的是这个人表面上狂,内心却不正;本来就很笨,还不愿意好好学习;没什么本事,还满口谎言。孔子有时候会生气,他带着学生一个一个地走上中正之道,也肯定教过不少令他失望的学生,但对这三类人,孔子还是忍不住感慨:我也不知道怎么办才好了!

孔子的这句话也可以让我们警醒,不怕身上有缺点,就怕缺点加缺点。有某个缺点并不致命,但如果还有其他的缺点给它助威,就会变成很糟糕的毛病。

要敢于打破一个缺点,将其变成优点;优点会衍生出新的优点,慢慢地就会形成一个向上的螺旋,人生自然会发生好的改变。

马来西亚有这样一句俗语："天上的繁星数得清，自己脸上的煤烟却看不见。"说的是我们能很轻易找到别人身上的问题，但总是很难发现自己的缺点，因此同学们可以在日常生活中和他人多沟通，诚恳要求其他人指出自己的缺点，这样将能更好地修正自己的缺点。

培养自己坚忍的精神与意志

子曰："三军^①可夺^②帅也，匹夫^③不可夺志也。"

注释：

①三军：古代军队的通俗说法。

②夺：失去，丧失。

③匹夫：泛指普通人、平民百姓。

李零教授在《丧家狗：我读〈论语〉》中说，这是他在《论语》中最喜欢的一句话。

作为将军，已经兵败，事实既成，但生而为人，自己的信念不能被任何人剥夺和撼动！和"三军"相比，显而易见个人的力量非常有限，因为三军是由很多人组成的、力量无比强大的组织，但是它依然不能够替代一个人的精神力量。"三军可以夺帅"，是战场上靠战术、装备、部队执行力等可以实现的；而"匹夫之志"虽然看似不起眼，却是再大的外在力量都无法夺去的。

春秋时期，齐国的大巨崔杼（zhù）杀害了当时的齐王，当时的史官便将事情如实记录在史书上："崔杼弑（shì）其君。"崔杼对史官说："你给我改成'齐王暴病身亡'。"史官说："改不了，史官就要据实而写！"崔杼很生气，将他杀了。随后，史官的二弟继任。崔杼说："你给我记'齐王暴病身亡'。"没想到二弟还是写"崔杼弑其君"，又被杀头。

三弟继任，依然写"崔杼弑其君"。

崔杼当时也无话可说，只得放过了三弟。

当三弟拿着史书往外走的时候，见门外有另一个人拿着笔和册子正往里面跑，三弟问对方："你来干吗？"

来人说道："我听说崔杼连杀了几名史官，如果你也被杀了，我进去还是要写'崔杼弑其君'。"

整个故事非常壮烈，让人读起来感到热血沸腾，非常好地诠释了什么叫"匹夫不可夺其志"。

中国古代有很多壮烈的故事，中国人力量的源泉便是这些有节操的、了不起的人所产生的"三军可夺帅也，匹夫不可夺志也"的精神，这是我们文化中最动人的底色，也是中国人延续五千年文明的精神支柱。

有一部科幻小说叫《2001：太空漫游》，讲述了这样一个故事：在飞船上有机器人和宇航员，机器人依靠算法做决策，经过计算，觉得叛变最有利，它就会毫不犹豫地叛变；宇航员作为人，有自己的信念和意志，他与机器人不断地做斗争，最后挽回了飞船。

常常有人会问：随着科技发展和社会进步，机器人会不会逐渐取代人类？我认为即使机器人发展到再高级的阶段，也无法完全取代人类，因为人是有精神、有信念的，这不是机器和算法可以替代的，精神与意志是我们和其他物种最根本的区别。

一般人们提到"夺志"，往往被认为是以外在的手段毁灭对方，但在和平的年代，夺人志向的往往不是这些手段，反而是眼前的"幸福"——因为拥有了优越的物质条件，拥有了舒适的生活，就遗忘了曾经的目标和信念。对此，我们也应该十分警惕。希望大家可以树立自己的志向，拥有积极的斗志，坚定地朝着目标迈进。

本节打卡小知识

梁启超是中国近代史上有名的教育家，他的孩子梁思成、梁思永在美国读书时，他担心孩子们被安逸的生活消磨意志，时常写信提醒。

对其他子女，梁启超也是如此教育的，如他在给长女梁思顺的信中说："孟子言：'生于忧患，死于安乐。'汝辈小小年纪，恰值此数年来无端度虚荣之岁月，真是此生一险运。吾今舍安乐而就忧患，非徒对于国家自践责任，抑亦导汝曹脱险也。"

沉迷于享乐，是没出息的，不能沉迷于外在的虚荣，不能无意义地度日。

他也曾鼓励梁思成放弃安逸的生活，去当时环境比较差的东北大学任教，说："有志气的孩子，总应该往吃苦路上走。"当梁思成在东北遇到困难，写信向他诉苦时，他回信说："汝生平处境太顺，小挫折正磨炼德性之好机会。"

无论环境是安逸还是险恶，都要坚守住自己。

如果你守不住精神，抵抗不住诱惑，说明你没有力量，这也是一种匹夫被夺志的表现。真正的"匹夫之志"是一种坚忍的精神力量，不会因为条件的变化而变化！

知者不惑，仁者不忧，勇者不惧

子曰："知①者不惑，仁者不忧②，勇者不惧③。"

注释：

①知：同"智"，读 zhì，意为智慧。

②忧：忧愁，担忧。

③惧：畏惧。

佛家有三宝：佛、法、僧。道家三宝叫慈、俭、谦。同样，儒家也有三宝：智、仁、勇。这是儒家的"三达德"，也是儒家的理想人格。

孔子说"知者不惑","不惑"并非不疑惑的意思，而是不惑于外物之意。

有智慧的人是不会因为外部的诱惑而动摇自己的信念的。为什么我们要不惑于外物？拿日常生活中常见的诈骗来说，很多人在社会中被他人所骗，往往是内心不够坚定，在对方的劝说下有了贪念，最终导致被骗。假如没有那么一丝贪心，骗子就没有可乘之机。

我的老师韩鹏杰教授有本书叫《韩鹏杰说：这才是江湖》，记载了中国自古以来各种骗术，其中不乏许多出人意料的手段。现在也有各种诈骗方法，虽然工具先进了，但骗人的基本逻辑和核心本质并没有变：调动他人的贪念。贪念一起，离上钩就不远了。

当一个人不惑于外物，对外在的诱惑无感时，那么所有这些浮于外表的、虚荣的东西，对于他来讲都不重要。这就是明智，这就是智慧。

"仁者不忧"：当一个心中有别人、真正有仁心的人，忧愁会少很多。

假如一个人满脑子想的都是自己的得失、胜负，纠结于自己有没有被公平对待，就会终日患得患失，便会活得非常焦虑。但是假如这个人心中有着浩大的世界，不在乎个人得失，就会活得豁达而畅快。

《春秋》里记载了这样一个故事：楚王丢了一张弓，手下的人要去找，楚王说不用找，"楚人失之，楚人得之"，意思是虽然丢了一张弓，但肯定还是会被我们楚国人捡到，同样是楚人，这张弓给他又何妨？能达到楚王的这个境界，人就不会有那么多忧愁。

如果再把格局放大一点，将代表国家的"楚"字去掉，变成"人失之，人得之"，那就更没有什么好纠结的了。

还有一个故事：一个老人挤上火车，发现新买的皮鞋只剩一只了，他二话不说就把剩下的那只鞋也丢出窗外。旁边的人不解地问："你怎么把鞋给扔了？"老人说："别人捡一只也没用。我现在扔，别人还能捡到一双，这双鞋也可以发挥它的作用。"

从这两个故事可以看出：仁者思考问题的时候，往往是站在别人的角度，而不是自己的角度。当一个人心中有别人时，就不会对自己遭受的一点损失耿（gěng）耿于怀。

忧愁的根源，是自我放大，自我越大，忧愁就越多。如果心中有别人，放松自我，忧愁自然就减少了。

"勇者不惧"：这里的"不惧"并不是什么都不怕，而是要有勇气。何谓勇气？勇气就是面对可能失败的结果，该做的事还是要做，能直面失败与不完美的结局，这就叫作"不惧"。

我认为以上是孔子在表达自己，从孔子自身所体现出来的种种行为中，我们能够看出来他既是智者，又是仁者，还是勇者。

孔子常常表现出英勇的气概，他会打仗，也能跟着国君去外交，为国家争取更大的利益；他会为奴隶仗义执言，会帮助弟子们渡过难关。他绝对是勇气十足又明智仁爱的。

希望我们每个人都能拥有智、仁、勇，为了更好的生活而努力。

　　智、仁、勇不仅是儒学倡导的三种德行，孙中山先生认为这也是军人精神的三要素。他曾在《军人精神教育》讲话中这样说道："所谓精神，非泛泛言之，智、仁、勇三者即军人精神三要素。能发扬此三种精神，始可以救民，始可以救国。"

能力比名声更重要

子曰："不患^①人之不己知^②，患其不能^③也。"

注释：

①患：担心。

②己知：倒装结构，意为"知己"，了解自己。

③能：能力。

与"不患人之不己知"类似的话在《论语》中出现了多次，比如"不患莫己知，求为可知也""不患人之不己知，患不知人也"，说明担心别人不了解自己这种情况在当时非常常见，因此孔子反复叮咛，反复强调，希望周围的人可以抛开这种想法。与其担心这个问题，倒不如"患其不能也"，需要担心的是自己能力是否匹配。

其实"患人之不己知"这种情况不仅在当时非常常见，即使在今天，依然有不少人面临这样的困扰，不少人认为自己是有才华的人，只是怀才不遇。

我学生时代也有这样的担忧：每次参加比赛评选时，都希望自己获奖，希望自己的名字让每个人都知道，一旦失败就会感到沮（jǔ）丧。

这句话对我产生了莫大的安慰。大学时期，我非常希望能得奖，能上海报，让大家天天看到我的名字。每当参加比赛却评选不上时，我就会感到沮丧。后来看到了这句话，我立刻受到触动——"别人不知道我，这很正常，我要担心的是我的能力怎么样，是不是实至名归地应该被人写在海报上"。

这可以说是一个成熟的标志：能正视自己的问题，坦然面对可能失败的结果，并继续努力成为更好的自己。当我们的人生步入这个阶段时，外界的评价是否公平，已经不重要了。

　　同时，我认为孔子也在不断用这句话来自我勉励，他不断地强调"不患人之不己知"，说明他也一直在努力地鞭策自己成为一个更好的人，努力地登上新的台阶——即使他是圣人，这对他来说也绝不是一件特别容易的事情。

本节打卡小知识

　　孔子的一生可以说都是不被知的，周游列国传道授业，但真正能接受他思想的国君并不多，甚至在某些国家还被驱逐。不过孔子并未因此气馁，而是坚持传播自己的理念，不断向学生和社会传达"仁"的思想，最终为中华民族留下了宝贵的文化遗产。

脚踏实地是通往理想的最好方式

阙（quē）党①童子将命。或问之曰："益者②与？"子曰："吾见其居于位也，见其与先生并行也。非求益者也，欲速成③者也。"

注释：

①阙党：地名，孔子故里。

②益者：求上进的人。

③速成：急于求成的。

来自老家的一个孩子过来跟孔子说话，传递消息。说完以后，旁边有个人问道："这个孩子是不是一个求上进的人？"

孔子回答："这不是一个上进的人，而是一个急于求成的人。"

为什么孔子觉得老家来的这个孩子是个不求进益、急于求成的人？孔子不会凭空臆断，他给出了解释，他是根据这个"童子"的行为细节来评价的。

"吾见其居于位"：也就是说"我见他坐在位子上"。按照当时的礼仪，一个童子如果还没有经过成人礼，那么在大人说话时，他大大咧咧地坐在成人的位子上是不合适的。

钱穆先生曾说过："古礼，童子当隅（yú）坐，无席位。此童子不知让，乃与成人长者并居于位。"一般来说，小孩的座位会在一个角落里，而成人的座位在房屋中间，小孩必须经过成人礼才可以坐在成人的座位，否则便不合礼仪。

"见其与先生并行也"："先生"即长辈。小朋友和长辈走在一起的时候，应该在长辈身后而不是并行，否则是对长辈的不尊敬。北宋思想家陈祥道点评道："居位则不逊，并行则不弟。"说的便是这个道理。

对于本章这个故事，《论语注义问答通释》也强调礼法的重要性："礼之于人，大矣。老者无礼，则足以为人害；少者无礼，则足以自害。"意为礼法对人来说太重要了，老人不遵守礼法就会害其他人，少年不遵守礼法就会害了自己。

"非求益者也"：这不是一个上进的人。

"欲速成者也"：这不是一个踏踏实实、努力求学的人，而是一个一心想要追求名利地位的人，是一个躁进的人。

给孔子传递消息的孩子在这么短时间内，便在细节上犯了两个错，因此孔子认为这个人并不上进，而是急于求成的人，是躁进之人。

什么是孔子说的躁进？

曾经有这样一个故事：一个年轻人要去参加他的毕业晚会，去之前问他的爷爷："我在晚会上该说些什么话，能让人们惊叹于我的见识，让大家看到我的出众？"

爷爷是一个很有智慧的人，他说："你应该想办法让大家惊叹于你竟然不说话。"

对于一个年轻人来讲，如何跟别的年轻人不一样？要能够沉住气，不那么张扬，不那么急于表现自己，这才是与众不同的地方。如果我们内心总是有一股躁动，总希望能够尽快地被别人看到，甚至采取各种速成之法来达到目的，这在孔子看来就叫作"非求益者也，欲速成者也"。

本节打卡小知识

关于童子的行为，清末国学大师唐文治认为"盖童子欲表异于众，所以失礼耳"。他觉得这件事性质没有这么严重，只是小孩内心的虚荣心作祟，想在众人面前表现一下。

这种猜测也有一定道理，但不论如何，我们应该从小注重平时的礼仪，培养良好的行为习惯。

如果你注定无法成名怎么办

子曰："君子病[①]无能[②]焉，不病人之不己知
也。"

注释：

①病：担心。

②无能：没有能力。

"君子病无能焉"：这旦"病"是动词，代表担心。君子
要担心的是自己没有能力。

"不病人之不己知也"：别因为别人不知道你而担忧。别

人不知道你，这很正常，因为人的社交范围有限，不可能每个人都对你一清二楚。当关于你的信息没有传播出去时，你要继续做事，让自己的能力变得更强。

如果对前文有印象的同学一定会发现，这是孔子第三次提到个人能力和别人认可的问题了。前文提到过的"不患人之不己知，患其不能也""不患莫己知，求为可知也"其实都和这句话意思相近。

为什么孔子一再强调这个问题呢？这是源自人的本性。

当一个人被别人认识后，内心会产生一种原始的愉悦。在原始社会，一个人越能够被陌生的部落接受，能够被更多的人认识、认可、接纳，意味着他活下来的概率越高。反过来，如果一个人不被人熟悉，就可能会被当成敌人去对待，会被驱逐或者杀死。渴望被人认识和认同，来自人原始的本能，是一种刻在我们基因中的欲望，这并不可耻。

我们常常说"年轻气盛"，许多人在年少时会非常渴望名声，如果在年少时就急于出名，为别人不知道自己而委屈，应该去重温"人不知而不愠，不亦君子乎"这句话。虽然别人不知道你，但你并不会为此纠结、难过、生气，你就是君子。

　　一个人有没有才能，是"影响圈"的事情；别人知不知道自己，是"关注圈"的事情。当我们做事情回归到"影响圈"中时，会发现自己能做的事很多。如果一个人只关注自己暂时无法改变的事，汲汲于名声，就会觉得自己面对生活太无力了。

本节打卡小知识

　　　张爱玲曾说："出名要趁早呀，来得太晚，快乐也不那么痛快。"渴望被认同是人骨子里的基因，成名也是许多人内心的渴望。

　　　但年少出名毕竟是可遇而不可求的，我们大多数人都是平凡人，因此，建议同学们牢记孔子的另一句话："以礼节之。"

　　　"以礼节之"的意思是，要用礼法对我们内心原始的欲望进行控制，与其天天想着出名，不妨潜心学习，是金子总会发光，只要有才能，一定可以获得认可。

无论做什么，都必须心存敬畏

孔子曰："君子有三畏[①]：畏天命，畏大人[②]，畏圣人之言。小人不知天命而不畏也，狎（xiá）[③]大人，侮圣人之言。"

注释：

①畏：敬畏。

②大人：位高权重的人。

③狎：轻视的意思。

孔子说，君子在三个方面要心存敬畏。孔子说的是要敬畏哪三个方面?

"畏天命":要敬畏天命。

"畏大人":要敬畏那些比你位高权重的人。

"畏圣人之言":要尊重前人所说的至理名言。

孔子说的是"畏",并不是"信",他的意思并不是让人一概接受,而是敬畏,由敬而生的尊重。

君子三畏中,有人对畏天命的理解有一定的深度。

许多人看到这里会有点好奇:畏天命是不是就代表着一切都已经注定,所以我们就只能躺平呢?需要注意的是,这里的"天命"不是命运,更不是宿命,而是世间的道与理,世间万物的规律。

如果一个人违背自然规律或者社会规章去做事情,很难成功,就算成功了也不见得就有益,最好的结果可能是事倍功半。而一旦失败,他就会觉得都是"自身"的问题,归因于自己,而并不觉得自己可能走错方向了。这就会导致人生很累、很痛苦,忙忙碌碌而一事无成。

但如果一个人敬畏天命,则可能是另一番景象。孔子说

"五十而知天命"，并不是说听天由命，而是指这个年纪的人因为有了足够丰富的阅历，开始懂得在"可为"和"不可为"之间做取舍，懂得了"谋事在人，成事在天"的道理，懂得了顺势而为的生活态度。

"畏天命"的人做事，遇到解决不了的问题不钻牛角尖，而是积极地解决能处理的，剩下不能处理的就顺其自然。就像农民春种秋收，若是遇到风雨不顺而收获不佳，也能乐观地总结经验，来年再耕种，而不是倔强地要在年景不佳之时仍不愿死心，这样的生活态度只会让自己更累。

孔子说"畏天命"能让人更加放松地应对生活。因为一个人或者一件事情的成功，并不完全取决于他的努力程度，天地自然、时代背景、社会环境、合作伙伴等因素也很重要，天命之说其实就是指成功需要天时、地利、人和，缺一不可。

"畏大人"，就是尊重上位之人。考虑到孔子一直注重礼法，需要注意的是这句话不代表要讨好权贵，而是孔子对"尊卑有序"这一理念的推崇。

"畏圣人之言"，圣人之言是经过历史的洗礼沉淀下来的，也许不一定完美，但肯定有一定的哲理性。因此对圣人说的话，要思考、学习、尊重，不能妄自尊大、坐井观天地看待圣人的言论。

小人与君子相反，"小人不知天命而不畏也"。小人找不到自己的责任感，所以他不可能感知到天命，什么都不在乎，不存在敬畏之心。

"狎大人"，"狎"指轻视，这句说的是小人从心里是轻视掌权之人的，从侧面反映的是小人对礼法的不尊重，对社会秩序的不尊重。结合当时的时代背景，加上孔子对"尊卑有序"的推崇，这种行为是非常严重的。

"侮圣人之言"，则是记拿圣人说的话开玩笑，侮谩、不在乎、轻视圣人说的话。

孔子认为小人的表现，就是心中没有敬畏，没有底线。

这个社会可以正常运转，人们可以和睦相处，正是因为人懂得敬畏自然、敬畏生命、敬畏法律、敬畏道德。有了敬畏，有了底线，我们才能够在底线之上做事。如果丧失了这一层敬畏，任何底线都可以打破，那么社会就会变得很危险。社会上所发生的很多违法犯罪、违背道德的事情，起因就在于这些当事者大多缺乏敬畏之心。

对于孔子的观点，西方哲学家康德也曾说过类似的话："在这个世界上，有两样东西值得我们仰望终生：一是我们头顶上璀璨的星空，二是人们心中高尚的道德律。"虽然中西方文化存在差异，但亦有不少相通之处。

犯错是小事，对待错误的方式是大事

子贡曰："君子之过^①也，如日月之食^②焉：过也，人皆见之；更^③也，人皆仰之。"

注释：

①过：过失，过错。

②日月之食：日食和月食。

③更：改正，更正。

子贡说，君子的过失，就象日食和月食一样。

日食和月食的特点是：阴影遮挡住太阳或者月亮的一部

分，让它们无法发出完整的光，与平时所见的全日或者全月形状不一致。

孔子在这里将君子比作太阳和月亮，将错误比作阴影。

君子知名度高，就像人们平时看到的太阳和月亮一样，散发着光芒。因为平时的光芒尤为耀眼，因此君子一旦犯了错误也就格外醒目，就像日食和月食一样，每个人都会发现他犯了错，每个人都看得到他的光芒被阴影所遮蔽。

"更也，人皆仰之"，意思是如果他改正了，阴影去掉了，人们依然会仰望他，为他能够改正这个错误而赞叹。

子贡说这段话，一定是因为在孔子死后，有很多关于孔子的争论。

很多人认为孔子没有那么好，不像他的弟子们传说的那么值得敬仰，还列出了孔子存在的很多问题。

子贡为孔子辩论，并没有否认孔子是一个犯错的人，毕竟"人非圣贤，孰能无过"。但子贡也在强调一点：孔子虽然犯错，但他是个君子。"知错能改，善莫大焉"，孔子犯错而后改正，将他凸显得更真实、更伟大。

从错误当中不断地学习，修炼自身，这才是君子之道。

每个人都会犯错，即使像孔子这样的人也会犯错，所以我们不要害怕犯错，不必文过饰非，要敢于承认错误，然后改正，这才是君子之道。

本节打卡小知识

虽然孔孟的儒家思想一定程度上奠定了中华民族的精神，但在这个过程中并非没有受到过质疑。

东汉思想家王充就曾对孔孟进行了批判，他指出：即使是圣贤，即使提笔前思考万千，也难免有考虑不周的时候，更何况是随口说的话呢？

其实王充的观点也不无道理，孟子云："尽信书，则不如无书。"孔孟许多发言值得我们学习与思考，但我们也要有自己的想法，希望同学们可以用更辩证的思想去看待孔孟之道。

第二部分

为人处世

与这个世界自在地相处

得不到他人的理解怎么办

子曰："不患①人之不己知②，患不知人也。"

注释：

①②（详见"能力比名声更重要"一节中的注释）

"人之不己知"，就是别人不了解自己。

"如何看待自己"这件事，在孔子看来是很重要的。

孔子认为当时许多人很在意这件事，我想，现代的我们同样很在意这件事。虽然我们没有孔子那么大的名气，但我们都有过受委屈的感觉，觉得自己一心为别人好，对方竟然不理解自己，辜负了自己的好意。

孔子这句话，能够安慰很多人的心灵，还可以安慰很多年。孔子说，不要担心别人不了解你，你要担心的是你不了解别人。

为什么要这样讲？

我们分析一下这句话，就会发现——别人知不知道我们是结果，我们知不知道别人是原因。

我们不知道别人，代表着可能错过学习的机会，错过合作的机会，错过举荐的机会。我们在跟他人合作的过程中，要先了解别人，才能更好地沟通和协作。

"患不知人"属于原因，而原因，我们是可以靠努力去改变的。比如，"一分耕耘，一分收获"。人应该担心收获，还是应该担心耕耘？很多人担心的是收获，担心今年挣不到钱怎么办。但这有时是无意义的，因为收获是由耕耘的过程决定的。我们更应该担心的是，自己今年种了多少地，付出了多少劳动。

我们能够担心的部分，一定是原因的部分；我们不必担心的部分，是结果的部分。至于做了该做的事情之后，整个社会是否了解我们，外人是否理解我们，那是结果，是别人的事。

对于结果，我们无法掌控，我们只能在原因上下功夫，用心做事。

种下了因，果是逃不掉的。如果一个人过度担心结果，焦虑、抱怨、顾影自怜这些情绪就会如影随形。做了这么多的好事还遭遇误解，之后就有可能抱怨他人，抱怨社会，导致越来越伤心，满腹委屈、愤懑。

我们应该关注的事是"影响圈"以内的事情，关注自己能改变的事情，把更多的精力放在与他人的交流和沟通上，让自己变得更加谦虚、更加敏锐。

在孔子的时代，作为一个君子，"知人"是非常重要的。如果你身边有贤能的人，你却不知道，这是失职。因为当时受教育的人本来就少，身边有德才兼备之人如果没被关注到，孔子就会自责。

有个典故叫"失之子羽"，讲的是孔子曾经因为学生澹台灭明的相貌丑陋而误以为他资质不足，所以自责。这是孔子对自己进行鞭策的话。

"不患人之不己知，患不知人也。"这句话看似简单，其实深刻地反映了我们的价值观、做事的方法和人生的态度。这一句，足够让我们默念终生。

本节打卡小知识

战国时期，文臣蔺相如因为立功被赵王赏识封为上卿，官职比当时的名将廉颇还大，廉颇非常不服气，总想找机会羞辱蔺相如，但蔺相如却处处躲着他，也不跟他理论。

蔺相如手下的人不明白为什么，蔺相如说："秦国不敢侵犯我国，正是因为我和廉颇将军一文一武保护着国家，我们怎么能因为私人恩怨影响江山社稷呢？"廉颇知道后很惭愧，便去负荆请罪。

这个故事告诉我们，只要做好自己，时间会给出答案。

对长辈，应当发自肺腑地尊敬

子游问孝。子曰："今之孝者，是谓能养①。至于②犬马，皆能有养；不敬③，何以别乎④？"

注释：

①养：养活（父母）。

②至于：即使，哪怕。

③不敬：不尊敬（父母）。

④何以别乎：和那又有什么区别呢？这里指的是和前面提到的"至于犬马，皆能有养"没区别。

子游问孔子，什么叫孝。

子游比孔子小四十五岁，是孔子的一个学生，在当时的身份是平民。

读到这里，我们发现一个小细节：孔子对普通学生和贵族学生说话，是不一样的。他跟贵族学生说话点到即止，不愿意多说，不攀附权贵。比如孔子曾经对孟懿子说"无违"之后，如果对方愿意接着问，孔子可能会继续解释；如果对方不愿意再发问，孔子则不再多说，而是把自己的想法告诉了平民学生樊迟。孔子跟子游说话，说得特别明白。

他先指出一个现象：至今天，所谓的孝就是"能养"。放到现在意思就是：子女觉得给父母钱花让父母活下去就是赡养。孔子显然认为这远远不够。孔子认为，"至于犬马，皆能有养"，一个人养一匹马，养一条狗，也能做到如此。而"不敬，何以别乎"，意思是一个人在赡养父母的时候，如果对父母没有尊敬的态度，这跟养马、养狗有什么区别？

孔子这话的语气说得非常重。

此时，孔子离他生命的终点已经很近了。而曾经发生的一件事，让我认为孔子心里对此并不感到舒服。

一天，孔子的学生上朝回来，孔子问朝里发生了什么事。学生说，上朝时讨论了一些大事，并没有对孔子说细节。孔子说："你没有告诉我的事情，我也知道。"

这说明孔子的晚年生活节奏变慢了，反应变慢了，感官变迟钝了，也出现了话多、信息不灵、爱操心的特点。此时，连孔子的学生，那些他看着长大的孩子都开始说："我们在谈论国家大事，您就别多问了。"

有可能在发生这件事之后，子游刚好跑来问孝，撞到"枪口"上了。孔子说，不要像养犬、养马一样去养一个老人家。这是孔子作为一个老去之人的感慨，人在这个年纪已经经历太多，更看重的是发自内心的尊敬，而不是一些物质的资助。

我们从这句话中能收获什么呢？

父母也许常常会对我们唠叨不休，追问我们学校生活中的细节，比如校园里又发生了什么啦，和老师关系怎么样啊，和同学之间有什么趣事啦，很多同学会因此而不耐烦。有的同学可能会摆摆手："妈，说了你也不懂，你就别问了。"

比如，我就曾听到有书友抱怨，和女儿讨论关于"二次元"的事情，但女儿十分不屑："说了您也不懂啊，问这么多干什么？"

如果孔子听到了，可能还会感慨"不敬，何以别乎"了。

父母的唠叨和询问，有时候只是一种变相的关心。这时，我们不妨再多一点点耐心，将此作为拉近亲子关系、找到共同话题的契机。也许，你会发现，父母并不是什么都不懂，毕竟他们也是从年轻时代过来的。

本节打卡小知识

子路是一个非常有孝心的人，早年间家境贫寒，自己吃野菜，却从百里开外背米回去给父母吃。

父母去世后，子路当了大官，出行时随从就有百乘，粮食更是多得吃不完，但他却感慨："就算我现在想吃野菜，想为父母背米，却再也没有机会了！"这便是发自内心地尊敬和孝顺父母。

和颜悦色地对待父母真的很难吗

子夏问孝。子曰："色①难！有事，弟子②服其劳；有酒食，先生③馔，曾是以为孝乎④？"

注释：

①色：和颜悦色，或者直译为好脸色。

②弟子：年轻人，这里指的是子女。

③先生：长辈，这里与前面的"弟子"对应，指的是父母。

④曾：难道、莫非的意思。"曾是以为孝乎"这句话意思是："难道这样就算孝顺了吗？"

子夏问孔子什么叫孝，孔子说："色难！"也就是说，和颜悦色是最难的一件事。

这一节可以看作是上一节的延伸与升华，上一节讲到要发自肺腑地尊敬父母，而不是像对动物一样养活即可，这里便提到了一个"色难"的概念。因为人可能勉强自己做一些自己不想做的事情，但表情是很难掩饰内心真实的想法的。孔子的意思是，我们在对待老人的时候，保持和颜悦色是非常难的。与之相对的是，对待小孩子，我们可以说是"色易"。比如，作为父母，你照顾一个两三岁的小孩子，表情会很温柔，态度会很温和，你会赞叹"宝贝真棒，真可爱"！

原因很简单——小孩子能给人带来希望，大人照顾孩子，孩子会一天比一天更好。而老人更多的是给我们带来"失望"，不论我们如何精心照顾，按照生命的规律，谁也逃不开生老病死，老人还是会越来越衰弱，行动不便，记忆退化。

孔夫子说的"色难"，到底有多难？

真的是很难。

有一个耳熟能详的故事，老父亲指着一只鸟儿问儿子："那是什么呀？"儿子漫不经心地说："那是一只麻雀。"过了一会儿，老父亲又问"那是什么呀"，儿子又回答说"那是一只麻雀"。第三次，父亲又问，儿子越来越不耐烦，告诉父亲："麻雀，麻雀，麻雀！"

后来，父亲拿给儿子一个日记本，日记本里记录着儿子小时候的事情。三岁的时候，儿子也问："爸爸，那是什么呀？"爸爸温柔地对儿子说："那是一朵花。"儿子问了七遍，爸爸温柔而耐心地回答了七遍。

孩子问我们一个问题，无论多少遍，我们都很有耐心地解释，但是人老了以后，问个两三遍，人们就开始不耐烦了。

要想克服这种感受，是相当不容易的，人们就是喜欢有希望、有生机的事物，不喜欢正在衰退的、给人带来"失望"的事物。然而，这正是人需要修炼的部分。

希望我们都能够记住"色难"这个词，意识到对待老人，做到和颜悦色是最难的一件事，从而在心底提醒自己。

"有事，弟子服其劳"的意思是：有什么事有弟子抢着去做。"有酒食，先生馔"：有好吃的，有好喝的，先给长辈享用。

然而，这就叫作孝吗？这与前文提到的"至于犬马，皆能有养"是一个意思。结合这两节不难看出，孔子认为真正的孝道应该是发自肺腑的尊敬远胜于流于表面的行为的，一旦缺少敬意，即使表面功夫做得再好，都不能称为孝。

　　当子夏问孔子孝是什么的时候，孔子有感而发，告诉他"不要给脸色看，这很重要"。连孔子这种被后世尊为"圣人"的人都受不了难看的脸色，我们的长辈怎么可能受得了呢？但是我们看看当下，有多少老人在家里是忍气吞声的。

　　很多人老了以后，经济来源依靠子女，生活在子女的屋檐之下，帮子女带孩子，忙里忙外，却还是唯唯诺诺，甚至自我贬低，觉得自己没有价值。

　　有的家庭里，老年人被当作免费的保姆，子女还对他们不耐烦。

　　因此，年轻人冲老年人发脾气的时候，不妨反思自己，真的要这样对待老人吗？

　　也有很多年轻人会批评父母，说他们为什么不去旅游，为什么不吃好吃的，为什么总想着省钱。这种批评看似是为老人好，实则只是为了填补自己内心的空虚，是年轻人太想证明自己是个好孩子！而指责与抱怨，却给老人带来了真实的伤害。

我们一定要想清楚，自己的所作所为到底是为父母好还是为自己好。如果真正为老人好，就必须做到敬，做到和颜悦色。

本节打卡小知识

有一出非常著名的豫剧，叫《鞭打芦花》。

戏剧中的主角叫闵子骞（qiān），是孔子的学生。子骞少年丧母，父亲娶了一个继妻，但继母对子骞非常刻薄，甚至在给他的棉袄里填芦花，完全没有保暖的效果。子骞驾车带全家出门的时候，因为太冷控制不住车，父亲责骂他，还用鞭子抽打他，打破棉袄才发现里面是芦花。

父亲获悉真相，想休掉不贤惠的继妻，被闵子骞拦住。闵子骞对父亲哭道："母在一子寒，母去三子单。"意思是，母亲在，只是"我"一个人受点冷；母亲走了，三个孩子没人照顾，两个弟弟也要成为失去母亲的人，更可怜。

这件事，也让继母和他的关系开始好起来了。孔子知道这件事后，夸奖道 "孝哉闵子骞！"

每个人的心中，都有两只 "小动物" 在打架

子贡问君子[1]。子曰："先行[2]其言而后从[3]之。"

注释：

①君子：这里并不是名词，而是指 "怎样才算君子"。

②行：履行，行事。

③从：遵从，这里与前面的 "行" 呼应，指做了什么就说什么。

子贡是孔子身边比较富有的一个学生，很敬仰孔子。子贡问孔子什么是君子，因为老师总是提到"君子"，也经常通过谆谆教导，鼓励大家成为君子。子贡想知道，君子的表现到底是怎样的。

君子如何界定呢？其实不容易界定。在读《论语》多年以后，我的感受是，君子与小人其实并不是截然不同的两种人，我们很难确切地评价某个人是君子，某个人是小人。我认为在孔子的理解里，君子和小人也只有一个模糊的界限，或者说，君子跟小人是人生的两种状态。

每一个人体内都有两种不同的状态，有小人的那一面，也有君子的那一面。随着人生不断地成长，我们要减少小人的成分，增加君子的成分。

有一个故事讲得非常好。一位爸爸曾经跟孩子讲，每个人的体内都有两只小动物，一只善良的，一只凶猛的，这两只小动物不断地互相争斗，所以，有时候你想成为一个好人，有时候你想成为一个坏人……孩子赶紧问，最后谁赢了？爸爸说，你喂养哪一只小动物，哪一只就赢了。

那么，我们是选择支持体内善良的部分，还是支持体内凶猛的部分呢?

　　我的儿子嘟嘟在两岁多的时候，有段时间很叛逆，情绪暴躁，还有暴力倾向，见到谁都打，打完还哭，有时把别人脸抓破了，他自己却哭了。我们家里人都很着急，甚至想着要不要揍他一顿。

　　我说不用。有一天，机会来了，在嘟嘟情绪稳定、很放松的时候，我把他抱在身上，对他说:"嘟嘟，你知道吗，你身体内有一个小天使，有一个小魔鬼，他们在打架呢。"

　　他问:"什么是小天使?"

　　我反问:"你想想看，你什么时候是小天使?"他回答:"我现在这个样子就是。"

　　我说:"对。那什么是小魔鬼?"

　　嘟嘟想了想说:"我昨天打阿姨的时候，就是小魔鬼。"

　　我问他:"你看你也知道什么是小魔鬼，你希望谁赢?"

　　他肯定地回答:"我希望小天使赢。"

　　我说:"那你要多帮帮小天使。"

　　我和嘟嘟谈过这一次话之后，他的叛逆期很快就结束了，再也没有动不动就打人。

　　这段谈话是有心理学依据的。在成长过程中，我们也要学会跳出来观察自己，只有跳出来，才能够看到自己的行为，判断自己行为的好坏。如果不能跳出来观察自己，我们会觉得被某一种情绪带走了，自己也不知道为什么要和人闹矛盾，自然无法掌控自己。

　　在这里，希望所有的读者都可以明白：你是有能力掌控自己的，只要看看是想帮小天使还是小魔鬼，如果你想成为一个君子，就要多去帮助小天使。

　　君子和小人是我们体内的两种状态，我们喂养谁，谁就能影响我们的行为。我们不必去谴责别人是小人，也不必标榜自己是君子，我们要做的，是先把事做好，再慢慢跟别人说。说了以后，我们还要接着做，实现自己说的话。

　　为什么孔子要对子贡说这样的话呢？我们要先了解这段对话的背景。可以联想一下，子贡作为经商之人，一定非常善于说话，在特定的场合，可能忍不住就会畅所欲言，甚至说大话。孔子知道这样不行，这不是"敏于事而慎于言"。

孔子提醒子贡"先行其言而后从之",也是因材施教的一种体现,孔子希望他在语言上更加谨慎。

那么君子是否一定要"先行其言而后从之"呢?

其实不一定,我觉得这句话的重点并不是"先"或者"后",而是"从"。也就是我们常说的言出必行或者言行一致,至于是先"言"还是先"行",其实倒没有那么重要。

类似的观点,另一位大家墨子也曾提出过,在《墨子·兼爱下》里有这么一个说法:"言必信,行必果,使言行之合,犹合符节也。"大意是说话一定讲诚信,行动必定有结果,让自己的言行合一,就像符节可以合上一样。"符节"是古代朝廷用来传达命令常用的凭证,往往双方各执一半,能对上就说明命令确实是朝廷下达的,这里用来指代言行完全一致。

因此,先言或者先行这个顺序并不重要,重要的是言与行要一致,而不是只说不做。

《韩非子》中有一篇文章，讲到"曾子杀彘"的典故。

孔子有一名弟子名叫曾参，有次他妻子去集市，孩子哭闹着也要跟着一起云，妻子就对孩子说"等我回家杀猪给你吃"，孩子便不再闹了。曾参妻子从集市回来，看到曾参正在准备杀猪，大吃一惊，赶忙制止他，说自己只是和孩子开个玩笑罢了，哪能真的杀猪呢。

曾参批评妻子："和孩子说话是不能开玩笑的，因为他们是和父母学习的，你现在欺骗他，他就会学会欺骗，也不会相信父母了！"最终，曾参还是杀了一头猪给儿子吃。

这个故事生动地告诉我们，遵守承诺有多重要。哪怕是父母对自己的孩子　也不能带着"开玩笑"的态度，胡乱许诺而不去行动。

在这个时代，信用还有价值吗

> 子曰："人而①无信，不知其可也。大车无輗
> （ní）②，小车无軏（yuè）③，其何以④行之哉？"
>
> **注释：**
>
> ①而：如果，一旦。
>
> ②輗：指大车车辕与车辕前横木连接的木销。
>
> ③軏：指小车车辕前端与横木衔接处的木销。
>
> ④何以：倒装词，即"以何"，意为怎么、如何。

这两句话很有名。

孔子说，一个人如果不讲信用，他实在拿对方没办法。孔子打了个比喻，他所选取的喻体，是来自大家最熟悉的车子。

"大车"是牛车，"小车"可能是驴车、马车。"大车无輗，小车无軏。""輗"是大车车辕前面横木上的销子。车辕上有个横木，必须插一个销子，才能将牛和车连接上。"小车"的"軏"也是这个意思。"輗"和"軏"都是插在车上的销子。

大车和小车如果都没有销子，它们该怎么跑起来呢？

"輗"和"軏"是车的连接器，虽然看着不起眼，却是车子运行时非常重要的关键点。同样，人和人之间也应该有连接器，我们要与别人合作，就得先与之连接在一块儿。

车子行走，靠的就是"輗"和"軏"，一旦把它们拔掉，车子就拉不动了。而人与人合作，靠的是信用将彼此连接在一起，如果没有信用，合作也就无法进行。

但是，孔子始终不认为守信用是一种特别高的境界。

孔子觉得，很多小人也能做到守信用。因此，孔子这句话并不是夸耀"信"有多么了不起，他认为信用不应该是做人的上限，而应该是做人的底线，如果连这个都没有，别人就不可能和他产生连接。

失去信用，就只能一人在这个世界单打独斗，彷徨行走。比如，近几年国家不断完善征信体系，如果谁上了失信人员名单，就会受到很多限制，比如飞机、列车不能选二等以上座位，不能在酒店等场所进行高消费。

"人而无信，不知其可也。"如果我们觉得自己在信用方面有问题，就把这句话抄下来，贴在自己经常能看得到的地方，用来自勉。

本节打卡小知识

清朝有一个叫蔡璘的人，他以重承诺闻名。

有一次，一位朋友将千两白银寄存在他家中，没想到不久后朋友去世了，蔡璘便主动邀请朋友儿子来家中取走千两白银。朋友的儿子不相信，拒绝接受千两白银，给出的理由是：这么大一笔钱怎么会不立字据呢？蔡璘说道："字据是立在心中，而不是立在纸上的！你父亲信任我，所以没有告诉你这件事。"最后，蔡璘安排人将钱送回朋友家中。

培养自己的共情能力

子于是日哭^①，则 不歌^②。

注释：

①哭：哭泣。

②歌：歌唱。

这句话让人印象格外深刻。如果某个地方出现了矿难、爆炸、地震、海啸等令人难过的事件，这句话就会浮现在我的脑海里。

孔子如果某天参加了丧礼，或者遇到令人伤心的事情流泪了，就不会再唱歌了，一整天安安静静度过。这可以反映孔子的两个特质：

第一个特质是共情能力。比如看到别人的丧礼，孔子会感到难过，会哭泣，这体现他对生命的珍视。

哭过之后，孔子在当天不会再放声高歌了，这也是一种具有很强的同理心的表现。假想一下，有人看见你家举办丧礼后回去唱歌，你是什么感想呢？面对不同的状况，给出不同的态度，这就是同理心。

第二个特质是乐观。孔子在这里特意将"是日哭"与"不歌"关联在一起，那么很可能在孔子的生活中，只要不经历极度伤心的事情，就可能每天唱歌奏乐，内心很快活。

提到"儒学"，许多人第一反应都是"老古董""很死板"这一类的词，这是极大的误解。实际上，现实中的孔子活得乐观积极，是一个典型的"乐天派"，不是像贾政那样的假正经，不是一个假道学，不是一个燕居在家也道貌岸然的人。

在那个"百家争鸣"的时代，能吸引那么多人死心塌地跟随他学习，孔子绝对不可能是一个"老古董"。

《论语》中曾这样记载孔子："子与人歌而善，必使反之，而后和之。"意思是孔子听到别人歌唱得好，一定会请求再唱一遍，跟人学一遍，再和一遍。由此可见，孔子对音乐的喜爱之情或许来自灵魂深处，并且能通过音乐找到快乐，因此"歌"肯定是孔子现实生活中不可或缺的一部分。

因此，对别人致以哀伤的时候，我们应该给予更多共情。

本节打卡小知识

共情是一种难能可贵的品质。

美国著名心理学家亚瑟·乔拉米卡利在他所著的《共情的力量：情商高的人，如何抚慰受伤的灵魂》里这样写道："什么是共情的实质？就是把你的生活扩展到别人的生活里，把你的耳朵放到别人的灵魂中，用心去聆听那里最急切的喃喃私语。"这种说法本质上和孔子的"哭则不歌"是一个道理。

拥抱不确定性，才能够坦然地面对未来

子曰："泰伯[①]，其可谓至德[②]也已矣！三以天下让，民无得而称[③]焉。"

注释：

①泰伯：商朝末年周太王的长子，周文王姬（jī）昌的伯父。

②至德：至高的道德。

③称：称赞，赞美。

要了解这句话的含义，需要先了解这句话背后的历史故事。

　　周王朝早期的先祖叫周太王。周太王有三个儿子：老大叫泰伯，在古语中，"泰"和"太"是相通的，泰伯也叫太伯；老二叫仲雍（yōng）；老三叫季历。季历的孩子姬昌，即后来的周文王。自古以来，中国王侯将相都习惯根据长幼有序的规矩传位给后人，因此长子会优先继位，但也有部分人会选择"传贤"，就是将王位传给最有能力的孩子。

　　孔子说这句话的背景也包含了这样一个故事：周太王觉得姬昌未来可以成为一名贤君，就想把王位传给老三。这种在当时"不合常理"的传位选择，非常容易引发兄弟间互相残杀的惨剧。

　　但泰伯和仲雍都是贤德之人，他们深知父亲的心思，为了打消顾虑，于是"断发文身"。在古代，一个人如果把头发剪掉，在身上刺青，就说明他决定成为一个"野蛮人"，并且彻底丧失了继位的可能性。

　　当时，除了中原地区，南方多地被称为"蛮夷之地"，为了表示自己无意争王位的决心，他们甚至披头散发地跑出中原，跑去吴越（也就是现在江浙一带）当"野蛮人"。

孔子说"三以天下让"，就是泰伯曾经有三次继承王位的机会，但他都推辞了。孔子感慨，泰伯的德行真是高尚到了极致，愿意三次将天下让给别人。

"民无得而称焉"，大意是老百姓找不到合适的词语来描述，有时候是表示好到没办法形容，有时候则是指坏到没办法形容。结合前文的语境，此处是指泰伯三让天下的行为高尚到百姓找不到合适的词来赞美他。

在这里，"让"非常重要。泰伯三让天下的举动让孔子大加赞誉，因为"礼"的一大核心就是让。

人类之所以有别于动物，很大程度上就是因为我们懂得礼让、协作和团结，而动物生存与统治很多是靠简单粗暴的争抢。《人类简史》指出：人类是因为有了想象力，能够协作，逐渐趋于文明，才能够打败类似虎豹豺狼这些看上去非常可怕的动物，成为地球实际的统治者。

在孔子的意识中，不争是一种美德。

有人问子贡："夫子至于是邦也，必闻其政，求之与，抑与之与？"

子贡说："夫子温、良、恭、俭、让以得之。"孔子正是将温、良、恭、俭、让作为原则来生活的，自然而然地得到了别人的尊重。从古至今，多少人为了权力与金钱争得头破血流，最终也未必能得到。而孔子习惯了礼让，反而得到了许多人终其一生追求的东西，比如了不起的地位和名誉。各国君主以极高的礼遇接待他，将他奉为老师。所谓的"让"绝不是说无限制、无休止地退让，而是对自己能力与原则范围之外的权力、金钱等进行谦让。

中国古代五帝时期，尧（yáo）本是部落首领，后发现舜（shùn）在人民中威望很高，便将首领的位置禅让给他，这便是历史上著名的"尧舜禅让"。泰伯三让天下的本质与尧舜禅让是一个道理，他相信父亲的眼光，也相信姬昌治理天下的能力，认为他可以做得比自己好，因此让贤于季历以让姬昌将来顺利继位。事实也证明，姬昌确实是一位明君。

我们总会担心，如果真的什么都不争，那会不会最终什么都得不到？实际上，懂得礼让不仅是一种美德，还是一种大智慧。它背后反映的是当事人的自知之明，对自己和对方能力审视后的准确判断。

礼让不是妥协，更不是失去自我，不是无原则地放弃权益。尤其是在孔子的时代，礼让是让社会良好运转的重要方式，它避免了许多不必要的厮杀和无谓的牺牲，所以他对于泰伯的"三以天下让"才如此称颂。

本节打卡小知识

著名物理学家、数学家牛顿在剑桥大学读书时，是当时最著名的数学家之一巴罗教授的学生和助手。在牛顿发明望远镜并提出一系列新数学、力学和光学的见解后，年近四十岁的巴罗教授认为牛顿的才能已经超越了自己，主动将教授的职位让给自己的学生，当时牛顿才二十六岁。巴罗这一举贤任能的高尚品德一直为人们所称颂。从牛顿一生取得的成果来看，可以说巴罗教授这一举动也间接推动了人类的进步。

巴罗教授为什么愿意让？因为他明白，人生是具有不确定性的，他没有"让步就是失败了"的执念。

我们如何让自己接纳不确定性呢？

我们要明白，不是每次出发都必须到达设定的终点。

不管我们当下面临着怎样的处境，都可以继续寻找更好的方式前行。

有个计算机术语叫"爬山算法"。这个说法形象地阐述了在模拟爬山的过程中，每次都选择自己当下所能到达的最优位置，以此为新的起点，朝着更高处移动，直到到达山顶的局部择优方式。

在成长过程中，我们也可以运用爬山算法，快速地从不确定的变化中抽离出来，找到人生的最高点。

放弃"关注圈"，扩大"影响圈"

> 子曰："不患无位①，患所以②立。不患莫己知，求为可知也。"
>
> **注释：**
>
> ①位：职位，岗位。
>
> ②所以：此处使用了倒置，解释为"以所"，依靠……来。

说"不患无位，患所以立"，通俗一点翻译就是：不要担心没有合适的位子安排给自己，而应该考虑自己有没有担任这个职位的能力。

比如，有人想当学生会主席，但如果能力不够，即使费尽心思当上了，也不见得会给自己带来什么正面的影响，反而可能因为能力不足导致怨声载道，令大家讨厌。

在生活中，也有很多人"患无位"。有人为了能够"上位"，想尽一切办法去钻营、送礼、请客吃饭，殊不知，如果德不配位，走上岗位的那一刻反而是痛苦的开始。

如果一个人想当学生会主席，那么在走上这个位子之前，应该了解成为学生会主席所需要的各方面的能力，比如沟通能力、组织协调能力等，通过组织一些活动，来训练自己的能力，努力补齐短板，做出成绩。这样，他才不会终日陷入惶恐。

在史蒂芬·柯维博士的著作《高效能人士的七个习惯》一书中，作者用"影响圈"和"关注圈"来表示我们所接触到的事物。

"关注圈"是个很大的圈，表示我们关注的事情。在这个大圈中有个小圈，叫"影响圈"，代表自己能力范围之内的事情。如果我们将自己的精力放在"关注圈"，自然会感觉力不从心，感到焦虑和痛苦。正确的方法是，将自己的精力放在"影响圈"，提升自我，让"影响圈"不断地扩大，一点一点占据"关注圈"的领域。

从这个角度来讲，"不患无位"和"患所以立"两者所关注的内容截然不同。"不患无位"属于典型的将精力放在"关注圈"——没有人了解我，不给我位子；"患所以立"则是将精力放在"影响圈"——看我自己能够做到什么程度。

"不患莫己知，求为可知也"：不用担心没人了解自己，而应该努力做让人看到你能力的事情。很多人觉得自己怀才不遇，抱怨别人看不见自己的闪光点。"不患莫己知"提醒我们的是，不要担心别人不知道你；"求为可知也"告诉我们，要去思考自己的才能是否足以让别人关注。

不过这里也衍生出另一个问题：我们的能力是不是越多人知道越好呢？

张爱玲曾说过："出名要趁早呀。"许多人年纪轻轻就一心想着出名，其实倒未必是件好事。因为阅历与经验的不足，很可能导致人们无法处理好成名的光环所带来的连锁反应：

无比膨胀、盲目自信、骄傲自满……最终反而让名利成为困住自己的枷锁。

我们要追求的状态是"实至名归"，能力达到一定水准，声名自然而然也会随之而来。"实至名归"可以说是最大的赞美，因为许多人是"盛名之下，其实难副"。连孟子都说自己有"不虞（yú）之誉"，像也这么了不起的人物，都认为"有很多赞誉是自己根本没有想到的，我还没有到那么好的程度，是别人夸张了"，何况普通人呢？

我们在社会上努力拼搏时，可以有远大的理想，可以期望自己做出一番事业，但不要将过多的精力分散在对外界的关注上，不要总想着别人知不知道自己，而要把注意力集中在提升自我的能力上。"酒香不怕巷子深"，当我们的能力达到一定水准的时候，知道我们的人自然会越来越多。

　　曹丕被立为太子后，喜不自胜，高兴得搂住大臣辛毗（pí）的脖子。辛毗回到家后，将这件事告诉了女儿辛宪英，辛宪英却叹了一口气，说道："太子是未来的君主，坐上这个位子，意味着担子更重了。作为君主的继承人，他没有感受到肩上的责任，本该怀着忧虑、戒惧之心，却沾沾自喜，这样的统治怎会长久呢？这样的国运怎会昌盛呢？"后来的事实证明，辛宪英判断得非常准确。

做好事也要懂分寸、有尺度

子曰："恭①而无礼则劳，慎而无礼则葸（xǐ）②，勇而无礼则乱，直而无礼则绞（jiǎo）③。君子笃（dǔ）④于亲，则民兴于仁；故旧不遗，则民不偷⑤。"

注释：

①恭：恭敬。

②葸：意为畏惧，胆怯。

③绞：意为说话刻薄。

④笃：意为坚定、忠实。

⑤偷：冷漠无情。

在之前的章节中我们提到，孔子倡导中庸之道，做任何事情，都不能过度。

在《论语》中，我们可以看到大量的类似于"恭而无礼""慎而无礼"的说法，这都是在强调礼的重要性——礼有着规范、节制行为的作用。

孔子说，如果没有以礼进行节制，再好的美德也会变质。

"恭而无礼则劳"，恭敬当然是美德，但若是没有以礼节之，就会变成一种负担，时间久了人就容易感到困乏甚至厌倦。"劳"这个字用得非常精准，"恭而无礼"，对方不会接受，只能白白地消耗自己的精力。

比如过年回家走亲访友，有些亲戚招待人时的态度过于热情，也许他们只是发自内心地、单纯地想要恭敬待人，但是表现过了头，反而适得其反，难免让人产生不适感。

"慎而无礼则葸"，谨慎当然是好事，但如果谨慎过头，没有用礼来规范它，就不是谨慎而是懦弱了，遇到任何状况都会畏畏缩缩，不敢站出来，不敢表达自己。比如，在公共场合看到有人偷东西，不敢出面制止，甚至连喊一声的勇气都没有。

这是极其常见的一种状况。不少人因为太过谨慎，导致变成了老好人，甚至变成了"平常之恶"——因为平时不愿意为正义发声，导致最后成了恶的帮凶。

"勇而无礼则乱"，我猜想，孔子说这句话的时候可能想到了子路，子路是出了名的勇敢但缺乏礼的节制，他不知道勇敢的边界在哪里。勇敢但是不遵守礼节的人容易放纵、斗狠，甚至犯上作乱。

孔子提倡"三达德"——智、仁、勇，说明他是非常认同勇敢这种素质的，但是它同样需要边界、规范、尺度。

"直而无礼则绞"，"绞"在古语当中常有伤害、挖苦、讽刺之意。如果一个人过分直率，就很容易变得刻薄。

古代皇帝给大臣所定的罪名中，有个常见的词叫"谄曲卖直"。有的大臣抬棺上殿，标榜着要对皇帝掏心窝子，然后把皇帝骂一顿，骂完之后等着皇帝杀他，大概以为可以因此而名垂青史。这看似直言进谏，实则是要挟皇帝，这就是"卖直"。如果一个人直得过分，缺乏礼的约束，就会流于刻薄、偏激。

中国有一句古话：真正的直，是不以自我为中心而表现出来的待人真诚的态度，是思考再三而发表的慎重。以伤害他人为前提的"直"，不过是以直为借口来掩饰个人修养的不足，那就会"直而无礼则绞"，对别人造成无形的伤害。

"君子笃于亲，则民兴于仁"，"笃"是忠实之意，君子对自己的家人、亲属，都能笃厚善待，悉心关爱，老百姓自然会效仿，也都会有一颗仁厚之心。

"笃于亲"并不意味着袒护和纵容，也不代表要做亲属的保护伞。"笃于亲"的核心，是真心地希望亲属能够成为德行出众的人，变得更美好、更幸福。

"故旧不遗，则民不偷"，"偷"常常被解释为冷漠无情、薄情寡义。这句话的大意是，如果君子能够与旧友保持好的联系，不轻易地抛弃对方，也不因为自己的地位提升而忽视他们，老百姓就会受到感染，不会变得薄情寡义。

孔子说的这一段话，其实说了两个维度的道理，第一个维度阐述了什么是中庸之道，第二个维度则描述了君子上位时应该怎样做。《论语》中"礼"的运用，能让当代人在做事情的时候合乎礼、合乎道。

合乎礼，就是要知道规范的边界在哪里，如果不知道，那就要问清楚。孔子进太庙的时候事无巨细都要问，别人质疑他不懂礼，孔子反驳道："将不懂的礼节问清楚，就是礼。"

没有人天生就懂礼。人在年轻的时候，难免会失去尺度，做一些过犹不及的事情，有时也许会"恭而无礼""慎而无礼"，这都不要紧。但我们要懂得反思，要慢慢地去探寻事情的边界，弄清楚做事情的分寸，以礼节之。不偏激，不极端，不莽撞，不伤害别人，这才是合乎礼节的人。

本节打卡小知识

国画大师黄永玉先生和著名学者钱钟书先生的居住之地相隔不过两百米，但十几年下来，两人只互相拜访过寥寥几次，只因黄永玉先生知道钱钟书先生喜欢安静，而钱钟书先生每次前去拜访黄永玉先生时，也必然提前打电话询问对方是否有时间。这样分寸感十足的相处方式反映出两位大师的修养。

懂礼节、有尺度、知进退，也是我们每个小伙伴需要修炼的品性。

做一个果敢决断、胸怀博大的人

曾子曰："士不可以不弘（hóng）^①毅，任重而道远。仁以为己任^②，不亦重乎？死而后已^③，不亦远乎？"

注释：

①弘：广博，宏大。

②任：志向，目标。

③已：停止。

曾子曾说过"吾日三省吾身"，这句话几乎人人皆知，我们且把这句排为曾子的第一金句。

在这一节中，曾子说了一段非常有气魄的话——士不可以不弘毅。这可以列为他的"第二金句"。

"士不可以不弘毅"，意思是作为士人、君子，意志一定要足够坚定，气魄一定要足够宏大，因为士"任重而道远"。为什么士会"任重而道远"？曾子很快在后面做了解释：因为"仁以为己任"。士的肩上，扛着的是"仁"；士的目标，是推行"仁"。

推行"仁"，要从两个方向入手。第一个方向是要让自己保持在"仁"的状态。一个人锻炼内在的修为，是一件长远而重要的事。我们什么时候才能确定自己处于"仁"的状态呢？这其实是一个漫长而艰巨的任务。

第二个方向则更宏大：在自己保持"仁"的过程中，让天下归"仁"，让更多的人拥有仁心。相比于自我修炼，这是一件难度更大也更了不起的事。

一个有志于道的人，一方面要不断地修炼自己，一方面要心怀天下，这件事难道不重大吗？

"死而后已，不亦远乎？""死而后已"四个字常常让我们联想到另一个人：诸葛亮。古人对他的评价是"鞠躬（jū gōng）尽瘁（cuì），死而后已"，为了理想竭尽了心力，一直到死才停下来。

士传播"仁"的思想也是如此，这一辈子都在不断为这件事努力，直至自己生命的尽头。这样做，难道不是走在最长远的道路上吗？

曾子的这段话，可以让我们反思。为实现自己的目标，必须得有宏大的气魄和强有力的意志力，如此才能够把这件事一直坚持下去。在日常生活中，当我们在学习中遇到挫折，在生活中遇到烦心事时，把曾子的这句话拿出来念一遍，便会立刻感觉有了力量。

"死而后已"是非常有使命感的四个字，佛教创始人佛陀临终前，徒弟问他：您离开之后我们向谁学习？佛陀说，以戒为师。孔子临终前，也给大家上了最后一课。王阳明去世前，别人问他有话说吗？他说"我心光明，亦复何言"。即使死亡将至，但依然不忘传道授业，这便是大师内心坚定的使命感，是真正的"死而后已"。

希望我们都能将自己的人生活成一段修炼的过程，让自己的人生成为满意的作品，而不是被身上所背负的名利权情压得直不起腰。

曾子的这句话几乎达到了他语言上的巅峰，这是一句多么有力量的话！

本节打卡小知识

三国时期，蜀国君主刘备在临终前将儿子刘禅（shàn）托付给诸葛亮，希望他辅佐刘禅治理国家。为了完成统一大业，诸葛亮六出祁山，却因为积劳成疾，逝世于战场。

为纪念他的功绩和精神，当地人建立了"武侯祠"，千百年来前往拜祭的人不曾间断。

为什么诸葛亮没有为刘备夺得天下，却为万世所敬仰，连杜甫、岳飞、陆游都对其无比崇拜呢？除了他超凡的智慧和计谋外，我想，更重要的是他宝贵的精神。

如果你仔细阅读《三国志》中的《诸葛亮传》，就会被他的精神力量所感染，越读越感动。他将余生奉献给了家国理想，用实际行动告诉后世，什么才是真正的鞠躬尽瘁，死而后已。

"通往地狱的道路，往往由善意铺就"

> 子曰："好勇疾①贫，乱②也。人而不仁，疾之已甚③，乱也。"
>
> **注释：**
>
> ①疾：讨厌，痛恨。
>
> ②乱：混乱的，没有秩序的。
>
> ③已甚：太过分。

孔子经常提到"乱"这个字，因为他推崇礼法与仁义，所以常常担心天下乱。

春秋时期，社会并不安定。一打仗，损失最大的就是老百姓。什么样的人容易带来祸患？什么样的人容易引发社会的动荡？孔子说，"好勇疾贫"。

"好勇"是说一个人喜欢逞（chěng）强、斗狠，"疾贫"是指厌恶贫穷，如果一个人特别厌恶贫穷，又血气方刚、逞强好斗，觉得自己被逼上了绝路时就容易作乱。

"人而不仁，疾之已甚"是什么意思呢？比如在旧社会的村里有一些地主总是欺负农民，这是非常让人讨厌的，但不必过分地仇恨。有一个词叫疾恶如仇，"疾之已甚"就是过度地痛恨，到了恨不得去把不喜欢的人除之而后快的地步，这样的心态就是导致社会不安定的因素，容易引起混乱。孔子说，以上两种人，会给社会带来动荡。

《有限与无限的游戏：一个哲学家眼中的竞技世界》一书里有一个很有意思的哲学概念——邪恶是什么？邪恶来源于想要消灭邪恶。当一个人执着于干掉邪恶时，反而会导致新的邪恶发生。

西方社会有句古老的俗语："通往地狱的道路，往往是由善意铺就的。"善恶往往就在一瞬间，一个人做某件事的出发点可能是好的，但最后也可能会因为使用错误的、极端的手段导致更坏的结果。

如果我们不喜欢一个坏人，可以通过法律手段、通过公正的程序来惩治他。程序正义是非常重要的，人类不断进步的一个标志便是程序的不断完善。一个社会如果失去了程序正义，通过人肉搜索、网络暴力等不合法也不合理的手段来进行"群体裁决"，导致的结果是人们屈从于舆论的压力，屈从于巨大的声量，屈从于不理性的意愿，而唯独忘了程序的正义。

裁决的过程也许很痛快，但程序正义一旦遭到破坏，那么每一个参与裁决的人，都有可能在下一次冲突中失去程序保护成为受害者。

网络暴力在我们这个时代太常见了。在国内外，因为网络暴力引发的恶性事件数不胜数，这其实是因为许多人认为网络是法外之地，所以在互联网上肆无忌惮，而互联网相关规范程序尚未完善之前，某种程度上也失去了程序正义的保障。孔子的这句话向我们诠释了什么叫真正的程序正义。作为社会参与者，我们每个人都应该遵守相关法律法规，约束自己的行为。社会赋予我们恨一个人的权利，但也需要我们用理智去维护。

本节打卡小知识

"通往地狱的道路，往往是由善意铺就的。"这句话也有人认为出自弗里德里希·奥古斯特·冯·哈耶克的著作。他还曾在他的著作《通往奴役之路》中提出这样的观点："在我们竭尽全力自觉地根据一些崇高的理想缔造我们的未来时，我们却在实际上不知不觉地创造与我们一直为之奋斗的东西截然相反的结果，人们还想象得出比这更大的悲剧吗？"

这句话其实也包含着一种辩证关系，同学们可以多思考一下。

说话做事，要沉得住气

司马牛问仁。子曰："仁者，其言也讱（rèn）①。"曰："其言也讱，斯谓②之仁已乎？"子曰："为③之难，言之得无讱乎？"

注释：

①讱：意为谨慎。

②谓：称作。

③为：实施，操作。

孔子的学生众多，每个人出身不同，性格各异，对学问的接受能力也不一样，孔子与之对话的角度也都不同。

司马牛问孔子什么是"仁"，孔子说："仁者，其言也讱。"

"讱"的大意是谨慎，要三思而言。俗语说"祸从口出"，如果一个人说话很随意，说话不经过思考，则很可能引发许多问题。

颜回、仲弓、司马牛三人都来问"仁"，但孔子的回答各异，这是典型的"孔门对话模式"。孔子回答学生的提问时，从来没有标准答案，而是根据个人性格有针对性地提出建议。

《史记》里有孔子学生的列传，司马迁评价司马牛"多言而躁"，意思是话多而且性格躁动，是一个比较情绪化的人。

孔子在回答司马牛的时候，并没有直接告诉他"仁就是讱"，而是说"仁者，其言也讱"，这是针对他急躁的性格，从实践层面给出具体的方法。

司马牛对于"仁"的理解还没有达到比较高的级别，但他可以先知道仁者的一些基本素养，比如"其言也讱"，想成为一名真正的仁者，首先要学会慎言。

司马牛的反应与颜回不同。颜回听完孔子的回答，说的是"回虽不敏，请事斯语矣"。意思是虽然我不够聪敏，但我愿意按照您说的去做。司马牛似乎并没有完全理解孔子的意思，于是接着问："其言也讱，斯谓之仁已乎？"

他对孔子给出的方法提出了疑问："不乱说话，这就叫作仁吗？"也许司马牛认为这个逻辑是不对的，也许是觉得孔子对"仁"的标准太低了，低到他不敢相信。

孔子说："为之难，言之得无讱乎？"孔子没有正面回答司马牛的质疑，而是给了他反思的空间，对他说："如果我们知道做事情是有难度的，那么我们在说话的时候难道不应该更慎重一点？"

很多人都意识不到"做比说难"这一事实，往往喜欢逞口舌之快，以为说了就等于做了，爱用吹牛来满足自己炫耀的欲望。

为什么有人想到什么就脱口而出不计后果呢？我们姑且从脑科学的角度来阐释这个现象。自从人类社会有了语言、文字，人脑就开始把语言、文字与现实相融合，由于人类有联想能力，许多人想到某个词、某句话时，可能会不自觉进行联想，认为自己已经完成了这件事，会因此产生兴奋、恐惧、忧虑等情绪。

和人类不同的是，很多动物没有类似的联想能力和创造能力，动物世界遵循着残酷的丛林法则，它们的感知大多是简单直接的，完成了某个行为便有某种感知，未完成则不会产生联想。

人和其他动物的这种区别，既是人类创造力的来源，也是烦恼的来源。

这也可以解释为什么有人会"其言不怍"，经常想到什么便说什么，完全不管自己能不能做得到，因为他们会享受语言、文字给人带来的幻想的快乐，而缺乏行动力。有些人把内心的期望说出口，就会联想到自己实现后的场景，这刺激着许多人在不经意间把语言和现实交织在一起，导致他们爱逞口舌之勇。

对应孔子所说的"克己复礼为仁"，我们可以得知：想成为一位仁者，第一步便是慎言。

何谓慎言？有句俗语叫"三思而后行"，其实在"行"之前也应该有"三思而后言"，要对自己说出的每个字、每句话负责。我们在对其他人许下承诺的时候，要先想想自己能不能真正做到这件事，或者等做完再说。

相信许多人听到孔子说"其言也讱"时和司马牛的反应是一样的：这就是"仁"吗？不就是说话谨慎一点吗？这也太简单了吧？

孔子并没有正面反驳司马牛，只是告诉他，"其言也讱"是仁者应该遵循的基本原则，说话谨慎是成为仁者的第一步，但并不是仁者的全部。即使可以做到这一点，还是称不上"仁"，依然有很长的路要走；但如果这一点都做不到，成为仁者的第一步都没有迈出，更别谈实现更高的要求。

司马牛"多言而躁"，孔子这段话可以让我们看出他"因材施教"的教学理念，是他针对司马牛的性格提出的劝诫。

本节打卡小知识

孔子一直非常强调言行合一，他还曾说过这样一句话："古者言之不出，耻躬之不逮也。"意思是古代的君子从来不轻易发言，他们认为说到做不到是一种耻辱。希望同学们可以谨记孔子的教诲，在每次许下承诺之前，不妨先想想自己是否一定能做到，成为一个谦逊谨慎的人。

自律自省，泰然自若，
才能抵御外在诱惑

子曰："君子泰①而不骄②，小人骄而不泰。"

注释：

①泰：安定，安然。

②骄：自大，高傲。

在这里，孔子将君子和小人进行了区别定义。

"君子泰而不骄"，安然舒适的样子叫作泰，有一个成语叫泰然自若。君子每天的生活状态是从容的、安定的、祥和的，他不需要骄慢。

"小人骄而不泰"，是说小人经常骄横、傲慢，却并不安定。

君子跟小人衡量自己价值的出发点不同：君子的价值来自内在，是舒泰的；小人的价值来自外在，是波动不定的。

相信不少同学在现实生活中见过这样的人：他们习惯炫耀自己的经历，习惯吹嘘自己认识哪些人，会拿出名牌衣物显摆，甚至吹牛夸大自己的能力。为什么会这样呢？因为这些人内心不够安定，希望通过其他途径来获得认可，满足自己的虚荣心。

《自卑与超越》中提到，很多人为了弥补自己内心的自卑，所用的方法就是让自己变得"骄而不泰"。比如，我小时候被别人欺负过，我自卑，所以我现在要欺负别人。越是骄横，越是希望通过外在的东西武装自己，给自己贴标签，让别人肯定他多有钱、多能干。这样的人，内心总在担忧中，永远不能够舒适安闲。

《伊索寓言》里有这么一个故事：有个跳远运动员因为参加比赛时总是退缩，遭到人们的指责，便出去旅行，回来后向大家吹嘘自己在其他城市参加过很多比赛，连奥运冠军都没他跳得远，如果当地的人能来到这里，一定可以为他做证。这时人群中有人发话：朋友，如果这一切都是真的，并不需要什么证明者，你直接在这里跳给大家看不就行了吗？

君子永远是行动大于言语，而只有真正内心不安定的人才会试图用言语来获得别人的认可，但时间会证明一切，如果不能给出和言语相匹配的行动，说过的大话都会被拆穿。

小人内心不稳定，往往是被利欲所吸引。一个人如果被利欲所吸引，内在的德行与信念就随时可能动摇，外在的任何风吹草动，都会促使小人做出应激反应，慢慢地就形成骄而不泰的处世方式。

孔子对君子和小人的定义以及对比并不只有这一段，还有"君子和而不同，小人同而不和""君子周而不比，小人比而不周"等，同学们也可以思考一下其中的差别。

　　"吹牛"这个词在现实生活中常常能听到，那么为什么说大话被称为"吹牛"呢？历史学家顾颉（jié）刚先生在《史林杂识》一书中指出："吹牛"一词是西北地区的方言，当地地处黄河上游地区，水流湍（tuān）急，当地人习惯用牛皮袋或者羊皮袋连接在一起做成皮筏（fá）来渡河。因为皮筏下水前要大力吹满气才能使用，往往需要好几个肺活量大的人才能吹满气，如果有人自称一个人可以吹满，那肯定是说大话，因此说大话也被称作"吹牛"。

　　我们在生活中，既要让自己的内心更稳重谦和，管好嘴巴不吹牛，又应该学会鉴别和远离爱吹牛的人。

　　越是那种张牙舞爪、五马长枪的人，他的内心往往越是脆弱、不安定的。这样的人，往往不值得信赖。

　　荆轲刺秦王的时候，带了一个叫秦舞阳的助手。秦舞阳自小勇武好斗，十三岁就杀过人。人们以为秦舞阳胆气极壮，就派他跟荆轲去刺杀秦王。结果秦舞阳一上秦王的大殿便两股战战，路都走不稳。秦王当即心生怀疑。

而荆轲呢，他是一个知识分子，并不是专业杀手，反而泰然自若。荆轲见秦王有疑心，就在旁边解释秦舞阳的不堪表现，说这是小地方来的人，没有见过这么大的阵仗，请秦王海涵。而后，只能由荆轲借给秦王献图之机而实施刺杀。

像秦舞阳这样的人，也就能做点欺凌弱小的事情，某种意义上也算是骄而不泰的小人。

第三部分

情绪管理

如何控制自己的心态和情绪

放下过去，就是放过自己

子曰："伯夷、叔齐①，不念旧恶②，怨是用希③！"

注释：

①伯夷、叔齐：两人是商朝末年孤竹国君主的儿子，伯夷为兄，叔齐为弟。

②旧恶：旧日的仇恨。

③希：同"稀"，意为稀少。

伯夷和叔齐是商末孤竹君的儿子。孤竹君去世的时候传位给叔齐，但叔齐认为根据礼制应该由伯夷继位，想让位于伯夷。伯夷表示父命难违，拒绝接受王位并离开了孤竹国。叔齐认为自己如果继承王位就会变成不忠不义的人，也离开了孤竹国。这便是历史上著名的"夷齐让国"。武王灭商后，伯夷、叔齐非常不高兴，他们认为周武王叛国，因此不食周粟，也就是不吃周朝的粮食。最后，两个人饿死在首阳山之上，这是古代的清者。后人评价某个人是清者的时候，就经常会引用这个典故。

孔子点评伯夷、叔齐，说两人"不念旧恶"，就是过去得罪过他们的，他们不会耿耿于怀，过去了就过去了。

关于"怨是用希"，往往有两种解释：第一种，这两个人之间产生的抱怨会少很多；第二种，怨恨的对象是伯夷和叔齐，意思是，埋怨他俩的人很少。

我认为应该是第一种解释：伯夷、叔齐内心的仇怨会少很多。因为在《论语》的其他章节里，子贡曾问孔子，伯夷、叔齐这两个人如何。孔子说"求仁而得仁，又何怨"——想做一个好人，也按照自己的想法去做了，干吗要埋怨呢？这句话中，"怨"的主语就是伯夷和叔齐，所以此处"怨是用希"

的主语可能依然是伯夷和叔齐。孔子在教大家怎样才能够不生怨恨，怎样才能够不天天纠结。

《心的重建：生命中的失去，就是重整命运的机会》这本书讲到，我们过去受过的一些伤，比如被别人欺负，或者遭到了不公正的对待，这可能会在我们心中不断地反刍。心理学上的反刍，是指每过一段时间就想起这件事，感到难过和痛苦，这件事仿佛是我们的一个心理漏洞，我们很难挣脱它。

孔子想让大家放下过去的那些事，而办法便是"不念旧恶"。为什么要不念旧恶？因为恶是因缘和合的结果，无数原因凑在一起，才导致了一件恶的事发生。既然恶的因一直在变，我们怀恨在心又有什么意义呢？就算过去大家曾为了一件事情争得不可开交，但那个因早就过去了。

作为当时最著名的思想家之一，孔子传道时也遭遇了不少"旧恶"：孔子因为反对权臣专政，导致宋国权臣桓魋（tuí）对他很不满。有一次他路过宋国时在一棵树下向弟子们授课，桓魋竟然派人将他授课地的那棵树砍了，以此来警告他。弟子提醒孔子：我们还是赶紧离开吧！孔子则表示"天生德于予，桓魋其如予"：上天给我传播道德的使命，桓魋能把我怎么样？

孔子生活的时代是"百家争鸣"的时代，许多人和他的理念不一样，他也有不少政敌，但孔子坚持"不念旧恶"，从来没有把这些人对他的攻击放在心上。为什么有的人会把和他人的矛盾全都视作人和人的关系本身出了问题？就是因为太看重自我，太看重私利。如果我们能够有一点雅量，有一些包容度，就能够像伯夷、叔齐一样，做到"不念旧恶，怨是用希"。

很多学者也对孔子这句话有着不同的理解。钱穆先生认为"怨是用希"是指伯夷、叔齐对别人不念旧恶，心中没有那么多抱怨。朱熹则认为，伯夷、叔齐是宾语，他的理解是大家对伯夷和叔齐没有太多的怨恨。我觉得朱熹的解释不是很合理，一个人不念旧恶，别人就一定不会怨恨他吗？

所以，我更同意钱穆先生的解释，但也保留朱熹先生的观点，一段话有不同解释是非常常见的，不知道大家是如何理解这句话的呢？

　　宽容是一种优秀的品质，从古至今都是如此。

　　不仅中国人倡导宽容待人，外国人亦是如此。莎士比亚在其所著的《威尼斯商人》中这样写道：宽容就像天上的细雨滋润着大地。它赐福于宽容的人，也赐福于被宽容的人。

自我负责：为自己的情绪负责

哀公问："弟子孰①为好学？"孔子对曰："有颜回者好学，不迁怒②，不贰过③。不幸短命死矣！今也则亡，未闻好学者也。"

注释：

①孰：谁，哪个。

②迁怒：将怒气撒在别人身上。

③贰过：连续犯同样的错误。

这是相当哀伤的一段对话，可见孔子对于颜回的死亡是多么惋惜，多么悲痛。

此时，孔子年纪已经很大了，应该超过七十岁了。某一天，鲁哀公问他：您的弟子当中，谁能够称得上是好学的？

孔子说：颜回。他不迁怒于人，也不会连续犯同样的错，可惜他去世太早啦，我再也没见过像他这样的人。也许有人会好奇：明明问的是好学，为什么孔子回答的时候谈的却是情绪呢？其实孔子是从侧面反映出颜回的好学，因为只有好学的人才会不断自省，才会不断修正自己的错误，才会"不迁怒"和"不贰过"。

作为中国人，我们得学会这句话——"不迁怒，不贰过"。"不迁怒"，就是一个人犯了错，不要去迁怒于他人。

人们特别容易迁怒，这有一个深层次的心理学的原因，叫作认知失调。人们往往不能够接受认知失调，比如狐狸看到了一串葡萄，很想吃，但是吃不到嘴里，就会很难受，但狐狸自我解释"葡萄肯定是酸的"，感觉就好多了，认知失调的问题就解决了。

人们做某件事情也是如此，如果进展不顺利，很多人不愿意承认是自己能力不够；或者出现了失误，因为"我如此优秀，如此努力，怎么会出现失误呢？这太让人难以接受了"，他们往往会认为"一定是别人的问题"。解决了认知失调，会让自己好受很多。但如果习惯于迁怒别人，不仅会让负面情绪扩散，甚至可能引发一系列的问题。

心理学上还有个"踢猫效应"，描述了负面情绪是如何传染的。比如一位老板心情不好，将前来汇报工作的经理批评了一顿；经理莫名其妙挨了骂，就把火气撒在部门员工的身上；员工满腹委屈无处发泄，下班回到家，把沙发上跳来跳去的孩子臭骂了一顿；孩子心里窝火，狠狠去踹身边打滚的猫；猫从窗户跳下去，一辆小轿车刚好路过，司机为了避让，结果却把路边的孩子撞伤了……

当然，这个故事并不具有完全的真实性，但却从侧面反映出"迁怒"的危害性：它是可以传递并扩散的。一个人受了气，将负面情绪发泄在弱势群体身上，而被欺负的人又去欺负下一个人……这就是"踢猫效应"给我们的启示。

"踢猫效应"是可以终结的。终结的关键就在于"不迁怒"，处于情绪链条的第一个人只要不将怒气发泄到另一个人身上，那么后续一系列的问题便不会发生。

　　"不贰过"，做错了某件事，不会再错第二次。
　　"不迁怒"和"不贰过"两者是有联系的，我个人认为，一个人只有不迁怒，才能不贰过。
　　为什么我们难以做到"不贰过"？这是因为人在做错了一件事之后，往往会因为虚荣心或者逃避心理，不敢面对错误的本质，不愿意承认自己不对，而是迁怒于别人，将责任转移给外界，并借此传递一种感觉：这不是我的问题，而是体制的问题、环境的问题、经济形势的问题……问题永远不是自己的，因此始终无法发现问题的本质，最终相同的错误不断犯，相同的问题不断出现，以至于很多人不仅无法做到不"贰过"，而且会"三过""四过""五过"，甚至终身循环在同一个问题上，持续犯错。
　　人只有会反思，才能够有行动力。颜回的所谓"不迁怒，不贰过"，不是简单的并列关系，而是递进关系——我们只有能够做到真正的"不迁怒"，才能够做到"不贰过"。

如果真的想做到像颜回那样"不迁怒，不贰过"，不仅需要冷静的分析能力，还需要极大的勇气，敢于客观地面对自己。只有知道"我是有错误的，我是可以改变的"，并将这种信念植入脑海，才能真的做到孔子心中的"好学"。

　　也许有人会问：当鲁哀公问孔子哪位学生好学的时候，孔子单独表扬了颜回。难道子贡、子路、子张就不好学吗？他们每天也都跟着孔子勤勉地学习。

　　但在孔子看来，好学也是分等级的，如果一个人所有的学习都只是外在表现，只是在向别人展示自己的知识，那只是最初级的学习；像颜回那种学以致用，通过学习的理念进行自我提升，才是最高级的学习。因此并不是说其他学生不好学，只是颜回学习是为了让自己能够"不贰过"，遇到问题"不迁怒"，这才叫作真正的好学。

　　可惜颜回只活到了四十岁，孔子对颜回的早逝耿耿于怀："今也则亡，未闻好学者也。"

　　孔子说："颜回不在了，我也再没有听说过有谁是好学之人了。"

　　了解了这段对话，希望我们每个人都能尽力做到不迁怒、不贰过。

在古代，平民迁怒于他人可能会引发一些争执，而高官显贵迁怒于他人则可能会引发惨案。

唐朝时期，唐懿宗的女儿同昌公主突患重病，当时的翰林医官韩宗劭等二十多名御医日夜抢救，终究还是没能挽救公主的性命。唐懿宗一气之下迁怒于这些御医，不仅将他们全部处斩，还将这些御医的三百多名家属关入牢房，可谓千古奇冤！

学会与自己和解

子贡曰："管仲非仁者与？桓公杀公子纠，不能死^①，又相^②之。"子曰："管仲相桓公，霸诸侯，一匡（kuāng）天下，民到于今受其赐^③。微管仲，吾其被发^④左衽（rèn）矣。岂若匹夫匹妇之为谅也，自经^⑤于沟渎（dú）而莫之知也？"

注释：

①死：为……而死，这里指管仲没有以死相殉公子纠。

②相：读 xiàng，指成为齐桓公的宰相。

③赐：恩赐，好处。

④被发："被"同"披"，披头散发的意思。

⑤自经：用绳索上吊自杀。

子贡向孔子表达自己的看法：管仲应该不算仁者吧？他的主人公子纠被齐桓公杀害了，他非但没有以死相殉，反而去辅佐齐桓公。

　　子贡的意思很明显：像管仲这样对君主不忠、投靠敌人的人，应该算不上仁者吧？孔子说："管仲帮助齐桓公成为春秋霸主，匡扶天下，直到现在为止，人们依然受惠于他。"

　　同时，孔子认为管仲的影响不只如此，还进一步说明了他的伟大："微管仲，吾其被发左衽矣。"

　　"被发左衽"是当时东方、北方少数民族的装束，在当时，华夏的人衣襟是朝右开的，东方、北方的少数民族则是衣襟朝左边开，而且披散着头发。

　　顾颉刚先生的《国史讲话·春秋》中提到，春秋结束时，最大的一个成果就是形成了华夏文明的雏形。此时的华夏文明，受到的最大威胁来自游牧民族。如果游牧民族不断地发动战争，侵占华夏的土地，那么很有可能所有人都将变成野蛮人。

　　孔子认为，阻止这件事情发生的是管仲。正因为他帮助齐桓公一匡天下，让华夏民族一致对外，我们才不至于变成披发左衽的野蛮人。因此，管仲是"仁"的。孔子说："岂若匹夫匹妇之为谅也，自经于沟渎而莫之知也？"

"谅"同明亮的"亮"，可以理解为小小的信用。意思是难道管仲要像匹夫一样为了一点小小的信用，在没人知道的山沟里上吊自杀吗？谁知道他们？！

从这里可以看出，孔子认为，与"小信"相比，"大仁"才是更为重要的。

孔子倡导的是不要为了一点面子和所谓的义气，就忘记了自己的价值和使命，为了天下的大义，为了百姓的安宁，要能够忍辱，能够与自己和解，与对手和解。管仲并不是偷生，而是为天下苍生珍惜自己的生命，这是一种更高的境界。我们经常看到有人为了一点小事去纠结对错，做伤害自己、伤害他人的事，这本质上就是孔子所描述的"自经于沟渎"。因此，我们不妨多学习《论语》，培养更强的社会责任感，那么眼界和心胸都将会更加开阔。

金庸先生的小说中有这样一句话广为流传：侠之小者，行侠仗义；侠之大者，为国为民。路见不平算一种侠义，但只是"小侠"，真正的大侠是心怀天下黎民百姓的。

我们也可以感受到，金庸先生推崇的"侠义"与孔子所追求的"仁"，从某种程度上讲，也有相似的意味。

从《诗经》中学习情绪管理

子曰："《关雎》①，乐而不淫②，哀而不伤③。"

注释：

①《关雎》：指《诗经》的开篇，一说指代整部《诗经》。

②淫：过度，无节制。

③伤：悲伤。

《诗经》的开篇是《关雎》：关关雎鸠，在河之洲。窈窕淑女，君子好逑。

有一种说法是，孔子所说的《关雎》在这里指代的是整部的《诗经》。

孔子说《关雎》，或者说《诗经》的最动人之处在于乐而不淫，哀而不伤。

《诗经》在描述快乐的情景时美好而有节制，不会让我们沉浸其中无法自拔；《诗经》发出的情思虽然能唤起我们的愁绪，让我们感觉有些悲哀，但并不过于伤痛。

朱熹在《论语集注》中说，"哀之过而害于和"才叫伤，如果哀痛太过，打破了和谐，就是伤了。

"乐而不淫，哀而不伤"，是古人最倡导的"中庸之道"的一种体现，也是孔子的文艺观：情绪的节制。好的文艺作品，就应该做到乐而不淫、哀而不伤。

也有人认为孔子并没有做到言行合一，因为他在齐国时，听到了《韶》乐，为之沉醉，回来以后竟然三个月尝不出来肉味。而他最喜爱的学生颜回去世时，孔子"哭之恸"，难过得号啕大哭。孔子痛哭的画面，我们都能够想象出来。

可以说他对音乐的喜爱是无法掩饰的，对颜回去世的悲伤是无法抑制的，那这是否说明孔子都做不到乐而不淫、哀而不伤呢？

我比较认同用梁漱溟先生的评价：孔子的乐和哀，都是发自本心的。只要你发自本心，就是乐而不淫、哀而不伤。

有一些故意搔痒、浮在表面的乐，就是泛滥的乐。比如一些低俗的笑话、段子、电视节目，无底线地逗笑别人，或者激怒别人，引爆他人的情绪，没有尺度，没有内涵，这样的作品就远离了"乐而不淫，哀而不伤"，故意将人们的情感激发起来，让人快乐到极致，痛苦到极致，背离了本心。

如果像孔子那样，快乐时是发自本心地快乐，难过时是发自本心地难过，流泪何时停止是顺其自然的，并没有所谓的时限，能够坦然地面对内心的情绪，我们就会发现，所有的痛苦都可以被慢慢地放下，以及释然。

在颜回离开之后，孔子虽然悲痛不已，但还是做了很多积极的事情，并未一直沉浸在悲伤中，因此可以说孔子做到了真正的乐而不淫、哀而不伤。

　　情绪控制一直是成长过程中一大难题，人总会在某些时刻陷入焦虑，那应该怎么办呢？美国作家奇普·康利在《如何控制自己的情绪：最有效的 22 个情绪管理定律》里指出："我最好的建议是专注于你知道的和你可以影响的，也就是你的身体和心灵。减少咖啡因、糖、酒精的摄入，多吃些有营养的食物。运动是应对压力的方式之一，充足的睡眠能让你的身体保持最佳状态。"

接纳情绪，而不是压抑情绪

曾子曰："吾闻①诸夫子：人未有自致②者也，必也亲丧③乎！"

注释：

①闻：听说。

②致：充分，极致。

③亲丧：亲人去世。

这里的"自致者"指的是情绪崩溃，充分地表露自己的感情，哭得一塌糊涂。

曾子说："我从夫子那里听到一个说法：'一般情况下，人的感情不会充分表露出来，如果有的话，一定是亲人去世了吧！'"

儒家讲究中庸之道，讲究行为的尺度，讲究对情绪的控制，但这会给很多人带来压力。

我们每个人都在努力地控制自己的情绪，之所以这样，有三个重要的原因：

第一，我们从小被人这样要求。比如"男儿有泪不轻弹"，又比如女生应该"笑不露齿"，不能放声大笑或者大哭。

第二，孩子们看到周围的大人都在控制情绪，也受到了影响。

第三，我们在影视剧、文学作品里看到的那些成功的角色，有些是懂得隐忍、城府很深的人，不自觉地受到一定影响。

但许多人都忽略了一点：长期压抑自己的情绪，会给人的大脑带来极大的负担，最后有可能会引发抑郁症、焦虑症等心理疾病。

有情绪其实是很正常的，因为人是感性动物，情感是人类的重要组成部分，我们不需要对自己的喜怒哀乐进行过度控制。在此，推荐两本心理学的书籍：《跳出头脑，融入生活》和《幸福的陷阱》。这两本书都介绍了情绪管理的心理学疗法，希望能够帮到各位同学。

我们常常鼓励大家进行情绪管理，但情绪管理并不等同于压抑情绪，而是将内心的负面感受，用合理的方法来缓解、释放。有些心理疾病，本身就来自我们对自己的过度控制，只有放过自己，允许自己有负面情绪时，才能够真正地与自己和解。

本节打卡小知识

《中庸》中有这样一句话："喜怒哀乐之未发，谓之中；发而皆中节，谓之和。中也者，天下之大本也；和也者，天下之达道也。致中和，天地位焉，万物育焉。"意为喜怒哀乐这几类情绪没有释放出来的时候，称为"中"；释放出来的时候有节制，称为"和"。"中"是每个人都有的本性，"和"是这世界的重要原则，达到"中和"的境界，便可天地在其位，万物繁荣了。这段话与孔子的论点有异曲同工之妙。

关于这一点，现代心理学上也有印证。

哈佛大学心理学博士、心理学家詹姆斯·S.戈登教授认为，情绪本身并不是真正的问题，它们只是人类生活中非常自然的一个部分。我们之所以感到难受，问题出在我们对情绪太过排斥，我们太想要保护自己不受情绪的伤害。

例如愤怒，它的确是负面情绪，如果愤怒被压抑，它就会变成摧毁身体和腐蚀灵魂的怨恨。

只要我们合理地感受它、表达它，它就有着积极的作用。我们会发现愤怒就像一阵风，它会给我们带来冲击，但也会像风一样吹拂我们，让我们精神焕发，变得更轻盈、更清醒。

因此，接纳自己的情绪，学会表达自己的情绪，才能帮助我们真正摆脱情绪的困扰。

给自己安装一个"暂停键"

子张问行①。子曰:"言忠②信,行笃③敬,虽蛮貊(mò)之邦,行矣。言不忠信,行不笃敬,虽州里,行乎哉?立则见其参于前也,在舆(yú)④则见其倚于衡也,夫然后行。"子张书诸绅。

注释:

①行:行得通,通达。

②忠:忠实。

③笃:厚重。

④舆:指当时的马车。

子张曾经问孔子怎样当官。此次，子张来问行，"行"就是指处处行得通，直白点说就是怎样才能跟不同的人都相处无忧。

孔子给出的建议是"言忠信，行笃敬"。

孔子这里从"言"和"行"两个角度提出了要求，做人要遵守诺言，不可以信口开河，做事别张扬夸大，要展现出礼仪之邦公民的气度。怎样展现气度呢？最好的方法是笃敬、厚重、恭敬、沉稳。

"虽蛮貊之邦，行矣"："蛮"是南蛮，"貊"是北狄。在中国古代，中原地区的人把周边四方称为东夷、西戎、南蛮、北狄，蛮貊之地是对四方的统称，因为这些地方的文化当时远远落后于中原地区，因此曾被认为是民智未开的蛮荒之地。孔子的意思是，只要做到"言忠信，行笃敬"，即便是去这些文化相对落后的地方，也不用担心无法和他们相处。

"言不忠信，行不笃敬，虽州里，行乎哉"：假如你说话不算数，经常胡言乱语，行事轻浮，常常得罪人，就算不去蛮貊之地，只在自己家附近，照样是寸步难行。

前面提到过，孔子是一个因材施教的人，子张很年轻，孔子大概觉得子张这样的年轻人容易气盛，所以提醒他冷静处事、谨言慎行。

接下来，孔子给了子张几个建议。

"立则见其参于前也，在舆则见其倚于衡也"，怎么样牢牢记住"言忠信，行笃敬"这六个字呢？只要你站着，就想象眼前有这六个字，坐车的时候，就想象这六个字浮现在横木上。意思就是无时无刻不想着这六个字，不断提醒自己。

"夫然后行"，这是一个很重要的修炼法门，包含着暂停的智慧。许多人习惯按照惯性做事，往往不肯暂停，不肯给自己思考的空间，受到即时想法的驱使，立即做出反应，不仅没有思考的时间，自己的想法也被别人一眼看穿。

人不应该是全然透明的。格拉德威尔有本书叫《陌生人效应》，这本书里提到：只有在像《老友记》这种情景剧里人才是透明化的，看这一类电视，即使将声音关掉，从演员的面部表情和行为动作也能大概看懂角色在想什么、说什么，因为每一个人的表情都很浮夸，都在直白地表达自己的内心。

而真实的世界并不透明，在真实的世界里，我们很难判断他人在想什么，一旦我们活成透明化的人，想说就说，想骂就骂，想哭就哭，很可能出现很多不必要的争执。

不妨给自己一个暂停键吧，在情绪失控的时候，在得意忘形的时候，想想孔子那句"言忠信，行笃敬"，这可能只需要花费一秒钟，却能让我们成为一个成熟度更高的人，避免很多的麻烦，收获更多的信任。"子张书诸绅"，"绅"即衣带。子张觉得老师说得太好了，于是便将这六个字写在自己的衣带上，这六个字成了他的"衣带铭"，每天拿着衣带看一下，就可以练习暂停的能力。

子张的练习方法，是很有效的。

世界著名歌唱家帕瓦罗蒂（dì）每次在演出之前，都要习惯性地去找一种钉子，找到了这种钉子，他就会表现得特别好。因此，他的工作人员总会在他经过的地方钉一颗这种钉子，但是不告诉他钉子在哪里。帕瓦罗蒂在每次上场之前找钉子，以及由此得到的心理暗示，实际上就缘于暂停——看到钉子，回归正念。在看花的时候，感受花的存在，体会每一片花瓣的盛开；在听音乐的时候，感受每一个音符；在与人交谈的时候，感受对方，去倾听对方的每一句话、每一个字……这就是生活中暂停的艺术。

我们每个人每天都在面对不确定的环境，要见不同的人，要做不同的事，心中难免会出现各种情绪，因此需要一些好的建议去面对。

孔子的建议其实很简单，他告诉我们，即便四顾茫然，即便前方凶险，即便路途艰难，只要做到"言忠信，行笃敬"，我们都能泰然处之。

外界是不断变化的，但只要我们内心笃定安稳，那么一切都在掌握之中。

本节打卡小知识

怎么练习自己的"暂停能力"呢？

《正念的奇迹》里讲到，在吃一个橘子的时候，要能够停下来感受这个橘子，剥开它，放在嘴里细细品尝，把自己带回到正念的状态。在日常生活中，我们可以经常像这样停下来，感受万物的存在，这样才不会随着自己的情绪起伏而茫然失措。

反求诸己：从自己身上找原因

子曰："君子求①诸②己，小人求诸人。"

注释：

①求：要求，苛求。

②诸：之于。

这是人们引用频率非常高的一句话。这句话可以译为"君子求之于己，小人求之于人"。君子在任何情况下，遇到了任何问题，都会"求之于己"，在自己身上找原因、找答案、找解决方法；与君子相反，小人遇到任何问题，总会第一时间在别人身上找原因、找答案、找解决方法。

孔子是一个非常强调自我反省的人，他不止一次提出类似的观点。他曾说过"躬自厚而薄责于人，则远怨矣"。多责备自己，少责备他人，就能减少不少的怨恨和纠纷，他不断严格要求自我。

《中庸》里也有一句类似的话："正己而不求于人，则无怨。上不怨天，下不尤人。"这句话同样告诉我们要多反省自己的问题，而不应该怨天尤人。

"求诸人"太简单了，它的本质是一种逃避责任的方法，将责任转嫁给他人。自我安慰不是自己的问题，虽然可获得一时的心安理得，但事情不会发生变化，问题也没有得到解决。

"求诸己"很难，这意味着需要自己承担责任，但只有"求诸己"才能真正找到事情的解决方法。

想要做到凡事先"求诸己"，就要学会和认知偏差和谐相处，战胜自己心中因为认知偏差而产生的不适，敢于面对自省时的痛苦，这才是生活的高手。

这里要补充一下：小人并不是指不好的人，君子和小人是每个人都会存在的两种状态。人的内心常常存在小人和君子搏斗的状况，我们不断地学习，是为了让自己多处于君子的状态，少处于小人的状态。

宋代张端义的著作《贵耳集》中记载了这样一个故事：宋孝宗去灵隐寺的时候，发现一个很有趣的现象：里面观音雕像手上挂着念珠。宋孝宗问里面的僧人："观音手上挂着念珠是做什么用的？"僧人回答："用来念观音菩萨的。"一般来说，是僧人手持念珠念诵"观音菩萨"，观音雕像怎么会挂着念珠自己念呢？所以宋孝宗还是很疑惑："为什么观音要自己念呢？"僧人的回答是"求人不如求己"。

这是一段非常有哲理的对话，僧人正是通过这个对话传达了一个道理：观音菩萨都需要遵守"求人不如求己"的原则，何况我们这些凡人呢？

有些同学，习惯将"学不进去"的责任推卸到老师身上，认为是老师不喜欢自己，导致自己不爱学习。他们最大的问题是不愿意改变自己，不愿意承认自己的不完美。当一个人不愿意承认自己不完美时，他不会愿意请教别人，也不愿意提升自己，始终在原地踏步没有进步。当一个人能坦诚地接纳自己的不完美时，他就能理解自己并不能够应付世界上所有的事，才会谦逊地提升自己，通过不断地学习来解决问题。这就是"君子求诸己"。

这句话道出了人生的大道理，是能够伴随我们一生的箴言。

本节打卡小知识

人们在对一件事情进行分析时，常常会陷入归因偏差，而归因偏差是让我们出现负面情绪、抱怨他人的原因之一。

归因偏差是一种常见的思维误区，我们习惯将个人的行为和结果进行不合理的关联。最常见的是"利己主义归因偏差"，人们会将好的行为或成功归因于自身的努力、品质等，而将不好的行为或失败归因于外界原因。比如："这次化学实验我的分数不高，一是因为同组人员没有配合我，二是老师对我有偏见，所以给我扣分了。"

这种归因偏差，是源自我们心理上的自我保护机制，能够让我们快速走出认知失调带来的不适感，但它只是一种自我安慰和催眠，会阻碍我们的进步。

因此，同学们在进入归因偏差之后，也要提醒自己走出这种思维陷阱，可以适当地学会自我觉察，用"求诸己"的思维，来反思自己应该在哪些地方进行提升。

自我控制：管不住欲望和情绪的人，难有好结局

子曰："巧言①乱②德，小不忍，则乱大谋③。"

注释：

①巧言：花言巧语。

②乱：扰乱，败坏。

③大谋：大的谋略。

孔子不喜欢巧言令色的人。德是美好的东西，德者，得也。你内心对于礼乐有所感知，对于仁义有所获得，才能拥

有德。

　　但如果对一个人过度地夸奖，甚至到神化的地步，就会"乱德"，相当于毁了一个人的德行，这叫"巧言乱德"。

　　现实生活中常常会看到这种情况：人们喜欢树立典型，喜欢过度地"追星"，然后对这个偶像不断吹捧、神化，仿佛他是一个完美无缺的人，他做的事情都是对的。但有一天他突然被爆出一个黑料，然后人们对他的态度来了个一百八十度大转弯，似乎他做什么都是错的，这便是常说的"捧杀"。

　　所以，赞美虽好，也不要过分，要实事求是，别将自己喜欢的东西说得天花乱坠，反倒让那些并不了解德行的人对此产生混淆（xiáo），疑惑"好的德行是否真的有这么厉害"，以为德行好就能够呼风唤雨。

　　读过《三国演义》的小伙伴应该都很喜欢诸葛亮吧？因为他足智多谋，几乎每次都能预料到对手的行为，可谓"神算子"。鲁迅先生曾对《三国演义》这样点评：说"状诸葛之多智而近妖"，这本书把诸葛亮刻画得太聪明了，聪明到什么程度呢？就像一个妖怪一样。真正的诸葛亮当然也值得我们喜爱，他不仅足智多谋，还有着崇高的家国情怀，但《三国演义》把他的智谋妖魔化了，我们在现实生活中很难真正遇到这样的人。

"小不忍，则乱大谋"要与"巧言乱德"连起来理解。"巧言乱德"是说一个人对自己喜欢的东西过分推崇，夸张渲染；"小不忍，则乱大谋"是说你得控制着自己的情绪和表达欲，要注重细节，万事谨慎为好。

唐朝大将军郭子仪就是"细节控"，他封侯拜相，有八子七婿，晚年时，子孙都挣得了功名，名利双收的他便在家中安享晚年。

有一天，一个新任的年轻官员要来拜访他，郭子仪听到名字后，马上让旁边的妻妾躲起来，也别偷看。

妻妾不解："每次有宾客到访，不管多大的官，我们都在旁边，你今天怎么这么紧张？"

郭子仪解释道："这是个小人，而且他脸上有一个大黑痣（zhì），一般人看到会忍不住发笑。你们胸无城府，如果在他面前不小心笑出声，他一定会记恨，如果哪一天他位高权重，我们家就永无宁日了。"

果然，此人当权后便开始报复，很多曾经得罪他的人家都遭了殃，郭子仪因为处理得当，全家幸免于难。

　　这就叫作"小不忍，则乱大谋"。在细节上你不够小心，没有控制自己，就有可能在大的战略上出现问题。

　　前文提到，孔子说过一句话"是可忍也，孰不可忍也"，也提到"忍"，但这里的"忍"是"忍得下心"的意思。这句话是说，连这样的事他都忍心去做，还有什么样的事是不忍心去做的？

　　"小不忍，则乱大谋"的"忍"，则是提醒我们在小的欲望、情绪方面做好自我管理，是一种忍耐。如果不能忍住我们的欲望和情绪，将来它很有可能会影响大的谋略，所以不要逞一时之快。

　　宋朝"庆历新政"时期，范仲淹、韩琦推行的改革收到了不错的效果。当时的文人石介便专门写了一篇文章来称赞他们，说韩琦、范仲淹、欧阳修都是君子。为了有更鲜明的对比，他还在文章中列出了所谓"小人"的名单，官员夏竦（sǒng）居首位。

夏竦看到文章后很生气，他把石介的名字刻在牌子上放在自己家里，要让子子孙孙知道石介是家族的敌人。后来夏竦找机会陷害石介，致使他被贬到偏远地区，在途中因病去世。

　　这个故事中的石介不失为"心直口快"的代表，未忍"小"，明明白白地得罪了夏竦等人，致使"祸始于此矣"，最终丢了性命，纵使他心中有多少"大谋"，都无法施展了。

本节打卡小知识

　　对于"小不忍，则乱大谋"，朱熹在《论语集注》中这样点评道："小不忍，如妇人之仁、匹夫之勇皆是""妇人之仁，不能忍于爱；匹夫之勇，不能忍于忿，皆能乱大谋"。心慈手软和鲁莽冲动都可以称得上是"小不忍"，这样的行为都可能坏了大事。

如何做一个内在强大的人

> 子曰："色厉而内荏（rěn）[1]，譬[2]诸小人，其犹穿窬（yú）[3]之盗也与？"
>
> **注释：**
>
> ①荏：软弱的意思。
>
> ②譬：用……做比喻。
>
> ③窬：同"逾"，爬墙的意思。

有个成语叫"色厉内荏"，就出自这里。

"色"是外在的表现，"荏"是白苏，一种可以食用的草，这里比喻软弱。色厉内荏，比喻外在强悍吓人，内里却懦弱不堪。

"譬诸小人，其犹穿窬之盗也与？"假如用小人来做比喻，就好像那些穿窬之盗。"穿窬"，就是在墙上打个洞，"穿窬之盗"，便是挖洞爬墙的小偷。

在《三国演义》中，袁绍便是色厉内荏的代表。

刘备和曹操青梅煮酒论英雄时，刘备说：袁绍家族四世三公，手下能人众多，还拥有冀州这么大的地盘，应该算英雄吧？

曹操点评说袁绍"色厉胆薄，好谋无断；干大事而惜身，见小利而忘命：非英雄也"，意思是袁绍看上去很厉害，实际上外强中干。

中国有个成语叫"黔驴技穷"，故事源自柳宗元的寓言《黔之驴》，说一只老虎初见驴，有点害怕。听到驴很大声地叫，老虎吓得跑了很远。后来，老虎多番试探，依然不敢对驴动手。直到驴发怒，踢老虎，踢了几次。老虎发现，这驴好像也没什么大本事嘛，就发动攻击把驴吃了。这个寓言故事告诉我们，没有本事的人往往色厉内荏，看起来吓人，其实不堪一击。

　　大家在生活中会发现一个现象：警察出警时，往往会亮警灯、鸣警笛，这是因为大多数坏人都心虚胆怯，警灯警笛有可能击溃他们的防线，让他们手足无措，只得落荒而逃甚至露出马脚。而正义，是一种由内而外的力量。一个人深明大义、心怀坦荡、行事光明，内心自会有强大的支撑力。我们去了解一下抗日战争的历史，便知道很多仁人义士在惨遭迫害、面对死亡时凛（lǐn）然不惧。他们所展现出来的，正是人性的光辉、正义的力量。

本节打卡小知识

　　东汉王充在《论衡·非韩篇》中也用到了色厉内荏的说法："奸人外善内恶，色厉内荏，作为操止，象类贤行，以取升进……"意思是，邪恶的人外表看似善良，实则内心险恶；貌似强硬，实则内心怯懦；行为举止看起来好像是贤人，但他的目的是获取利益，换取升迁的机会。

关于"色厉内荏"有许多类似的词，如外厉内荏、色厉胆薄、外强中干、鱼质龙文、徒有其表等，同学们还能想到别的类似的词吗？不妨写在旁边。

患得患失时，不妨听从内心的声音

子曰："鄙（bǐ）夫①可与事②君也与哉？其未得之也，患得之。既得之，患失之。苟③患失之，无所不至矣。"

注释：

①鄙夫：指品行低劣的人。

②事：同"侍"，侍奉的意思。

③苟：如果。

成语"患得患失"就出自这里。

人难免有患得患失的时候：选择培养特长时，考虑哪种特长更适合自己；升学的时候，考虑哪所学校更合适；选择专业时，也要考虑哪种对未来发展更好……这些都让人左右摇摆，举棋不定。

孔子一直倡导听从内心的决定。按照本心来决断事情，会少很多的纠结，该干什么就去干，不太会患得患失。

"鄙夫可与事君也与哉"：我们可以和品行低劣的人一起侍奉君主吗？

什么是品行低劣的人呢？贪图享乐、自私自利、心胸狭隘、不择手段……这些都是品行低劣的表现。为什么不能跟品行低劣的人一起共事呢？因为他们没得到利益之前，非常渴望得到，一旦获得利益又害怕失去，因为这种患得患失的心理驱动，让他们什么事情都干得出来。我们想想看，自己的痛苦是不是多数来自患得患失？人与人之间的矛盾也往往源于其中一方患得患失。

我们应该怎么办呢？

岳麓书院门前挂着一副对联，其中一句是这样写的：是非审之于己，毁誉听之于人，得失安之于数。

"是非审之于己"：关于对错，每个人心里要有一把标尺，有自己的判断。道德审判是由内而外的，对自己要有道德上的要求。

　　"毁誉听之于人"：不论是诋毁还是赞誉，其实不过都是别人的评价，未必都是对的，所以对别人说的话不要过于看重，不要让别人的言论困扰了自己的生活。奉承之言不可尽信，诽谤之语也不必当真。

　　"得失安之于数"：孔子说"不知命，无以为君子"，计较得失的人往往喜欢凡事争高低、争对错，喜欢去追逐名利，因为他对"天命"不存在敬畏，"机关算尽太聪明，反算了卿卿性命"就是这个道理。做事注重过程，踏实肯干，必然不会一无所获。

　　生活中有足够多这样的案例，很多人不刻意去争，最后获得的东西反而更多，这就叫作"得失安之于数"。这是患得患失和安之于数之间的区别，也是匮乏心态和富足心态之间的区别。

　　抱持匮乏心态的人，想法比较极端和片面，觉得世界上的资源相当有限，万事都要争，小到公交车座位，大到职位权力，有一种习惯性的匮乏心态。

而抱持富足心态的人则完全相反，他们用更包容、更宽阔的视野看待这个世界，在他们看来，人生路长，机会漫漫，未来永远不缺乏机会。争与不争，是患得患失在本质上的分界线，争则"患"，不争自然就"无患"。

患得患失，对人来说是一种很痛苦的状态，因为他内心永远都不安宁。

本节打卡小知识

对于这一段话，明代蕅益大师点评道："照妖镜，斩妖剑。"

意思是"患得患失"就是我们心中的"妖"，因为心中有各种想法与执念，才会始终无法安宁。如果不能改变这种状态，那么我们的生活会非常辛苦。短短六个字，意味深长。

内敛温和的人，更能立足于这个社会

子曰："古者民有三疾^①，今也或是之亡^②也。古之狂也肆^③，今之狂也荡；古之矜（jīn）^④也廉，今之矜也忿戾（fèn lì）；古之愚也直^⑤，今之愚也诈而已矣。"

注释：

①疾：问题，缺点。

②亡：消亡。

③肆：轻率，任意。

④矜：矜持的意思。

⑤直：憨直。

很难得听到孔子说古代人的缺点。

孔子极少说古代人不好，他总认为古人比今人好，曾说过"古之学者为己，今之学者为人"，意为古代学习的人为了提高自己，现在学习的人只是为了装饰给别人看罢了。

这一次，孔子说古代的老百姓有三种缺点，但是"今也或是之亡也"——今天好像已经没有了。

看到这里会以为孔子在夸今人进步了，但孔子话锋一转：今人没有古人的毛病，并不是进步了，而是变得更糟了，随后列举了三点来佐证这个观点。

第一，"古之狂也肆，今之狂也荡"。

古代有狂人，但是他们的狂是恣肆，是不拘小节。这类人放得开，无拘无束。比如魏晋时期的名士，行为放达，摈弃附庸风雅，后人推崇嵇康和阮籍，这也是原因之一。

今天也有狂人，但是这些人是放荡不羁的狂。和"肆"相比，"荡"是一种没有节制的状态，比如大家熟悉的放荡，有放纵、行为不检点的含义，因此"狂也荡"是比"狂也肆"更可怕的状态。

同时，这两者所带来的影响也完全不一样："狂也肆"只是个人选择的生活方式，但"狂也荡"影响到周围的人，会给别人制造麻烦。

第二，孔子说，"古之矜也廉，今之矜也忿戾"。

"矜"，矜持，这在孔子看来是一种缺点。"忿戾"是愤怒、暴戾，充满着怨气。古代矜持的人有自己的棱角，有所为也有所不为，是一种直率而平和的状态；但今人的矜持是"忿戾"，情绪升级了。

举个例子，同样是被要求做一件事，古人可能是直接拒绝，表示自己无意做这件事；但今人在拒绝之余，可能还要将对方谩骂一番，宣泄心中不满的情绪，这便是"矜也廉"和"矜也忿戾"的区别，相比古人，今人的情绪和状态都更恶劣了。

第三，孔子说，"古之愚也直，今之愚也诈而已矣"。

古代笨的人也有，但是憨直，只是单纯不够聪明；而今人的"傻"，多了一分欺诈，是扮猪吃老虎，是骗人，是卖直，是装作愚直。

有个特别有意思的例子。宋仁宗有一次邀请大臣到皇宫后花园钓鱼，每个大臣案桌上摆放了一碟鱼饵，他想通过观察大臣钓鱼的情形来分析大臣的品行，然后他发现王安石竟然将鱼饵都吃光了，便觉得王安石有点"愚也诈"的感觉。因为他一开始可能是误食，但是吃了一口发现是鱼饵后，依然继续吃，很可能是故意的，就是为了博取关注。宋仁宗认为王安石这个行为是有心机的，因此在那之后便疏远了他，对于他的建议也都不予采纳。

在孔子看来，古代人内敛，立足己身；今天的人狂而荡、矜而忿戾、愚而诈，是向外的，影响别人。人心不古，人学的东西越多，外在的物质越丰富，计谋研究得越深刻，社会越不好管。

本节打卡小知识

孔子对古人作风非常推崇，对先前的君主也给予了高度赞扬，他曾说："大道之行也，与三代之英，丘未之逮也，而有志焉。'夏、商、周三代明君当政时期，他都没赶上，内心非常向往。结合他所处的时代和他的个人经历，可以从侧面看出孔子对当时君主的不满。

参考文献

[1] 杨伯峻 . 论语译注：简体字本 [M]. 北京：中华书局，2006.

[2] 南怀瑾 . 论语别裁 [M]. 上海：复旦大学出版社，2002.

[3] 李零 . 丧家狗：我读《论语》[M]. 太原：山西人民出版社，2007.

[4] 钱穆 . 论语新解 [M]. 北京：生活·读书·新知三联书店，2002.

[5] [英] E. F. 舒马赫 . 解惑：心智模式决定你的一生 [M]. 江唐，译 . 北京：中信出版社，2021.

[6] [美] 米歇尔·沃尔德罗普 . 复杂：诞生于秩序与混沌边缘的科学 [M]. 陈玲，译 . 北京：生活·读书·新知三联书店，

1997.

[7] [美] 马蒂·奥尔森·兰妮 . 内向孩子的潜在优势 [M]. 赵曦，
刘洋，译 . 上海：上海社会科学院出版社，2017.

[8] 王蒙 . 天下归仁 [M]. 北京：北京联合出版公司，2015.

[9] [美] 亨利·克劳德 . 他人的力量：如何寻求受益一生的人
际关系 [M]. 邹东，译 . 北京：机械工业出版社，2017.

[10] [美] 斯蒂芬·平克 . 人性中的善良天使：暴力为什么会
减少 [M]. 安雯，译 . 北京：中信出版社，2015.

[11] [奥] 阿尔弗雷德·阿德勒 . 自卑与超越 [M]. 李心明，
译 . 北京：光明日报出版社，2006.

[12] 梁漱溟 . 梁漱溟先生讲孔孟 [M]. 上海：上海三联书店，
2008.

[13] [印] 阿比吉特·班纳言，[法] 埃斯特·迪弗洛 . 贫穷的
本质：如何逃离贫穷陷阱 [M]. 景芳，译 . 北京：中信出
版社，2013.

[14] 顾颉刚，童书业 . 国史讲话 · 春秋 [M]. 上海：上海人民出版社，2015.

[15] [加] 马尔科姆 · 格拉德威尔 . 陌生人效应 [M]. 朱晓斌，译 . 北京：中信出版社，2020.

[16] 一行禅师 . 正念的奇迹 [M]. 北京：中央编译出版社，2010.

[17] 倪培民 . 孔子：人能弘道 [M]. 李子华，译 . 上海：上海人民出版社，2012.

[18] [美] 詹姆斯 · 卡斯 . 有限与无限的游戏：一个哲学家眼中的竞技世界 [M]. 马小悟，余倩，译 . 北京：电子工业出版社，2013.

[19] [美] 克莱顿 · 克里斯坦森等 . 你要如何衡量你的人生：舒适阅读版 [M]. 丁晓辉，译 . 北京：北京联合出版公司，2018.

[20] [美] 史蒂文 · C. 海斯，斯宾斯 · 史密斯 . 跳出头脑，融

入生活：心理健康新概念 ACT[M]. 曾早垒，译. 重庆：
重庆大学出版社，2019.

[21] 林语堂. 苏东坡传 [M]. 张振玉，译. 西安：陕西师范大学
出版社，2006.

[22] [美] 马修·麦凯，帕特里克·范宁. 自尊 [M]. 马伊莎，
译. 北京：机械工业出版社，2018.

[23] [美] 迈克尔·桑德尔. 金钱不能买什么：金钱与公正的
正面交锋 [M]. 邓正来，译 北京：中信出版社，2012.

[24] [美] 史蒂芬·柯维. 高效能人士的七个习惯：30 周年纪
念版 [M]. 高新勇 ，王亦兵，葛雪蕾，译. 北京：中国青
年出版社，2018.

[25] [美] 詹姆斯·克利尔. 掌控习惯：如何养成好习惯并戒
除坏习惯 [M]. 迟东晨，译. 北京：北京联合出版公司，
2019.

[26] [美] 露易丝·海，大卫·凯思乐. 心的重建：生命中的

失去，就是重整命运的机会 [M]. 方月月，译 . 北京：北京联合出版公司，2017.

[27] [美] 理查德·道金斯 . 自私的基因 [M]. 卢允中，张岱云，陈复加，罗小舟，译 . 北京：中信出版社，2012.

[28] 鲍鹏山 . 孔子传 [M]. 北京：中国青年出版社，2012.

附录：孔子生平年表

公元前 551 年（鲁襄公二十二年） 阳历 9 月 28 日孔子生于鲁国昌平乡陬邑（今山东曲阜市南辛镇鲁源村）。

公元前 549 年（鲁襄公二十四年） 孔子 3 岁。父亲叔梁纥去世。

公元前 537 年（鲁昭公五年） 孔子 15 岁。后自谓"吾十有五而志于学"。

公元前 535 年（鲁昭公七年） 孔子 17 岁。母亲颜徵在去世。孔子合葬父母。穿丧服赴鲁国大夫季孙氏宴，被其家臣阳货拒之门外。

公元前 533 年（鲁昭公九年） 孔子 19 岁。服丧期满后前往宋国。在宋娶亓官氏为妻。

公元前 532 年（鲁昭公十年） 孔子 20 岁。回鲁，生子孔鲤，因鲁昭公贺以鲤鱼，故名，字伯鱼。出任季孙氏家委吏之职，管理仓库。

公元前531年（鲁昭公十一年）　孔子21岁，任季孙氏家乘田之职，管理畜牧。

公元前525年（鲁昭公十七年）　孔子27岁。郯国国君郯子访鲁。孔子前往求教，学古官名。

公元前522年（鲁昭公二十年）　孔子30岁。后自谓"三十而立"。齐国国君齐景公、名臣晏婴访鲁，参与接见；辞季孙氏家职务，授徒设教，创办私学。

公元前518年（鲁昭公二十四年）　孔子34岁。获鲁昭公支持，往周朝国都洛邑，问学于老子。

公元前517年（鲁昭公二十五年）　孔子35岁，回国。鲁国发生"八佾舞于庭"事件，昭公在与鲁三家权力之争中失败，流亡齐国。孔子亦赴齐。过泰山，感慨"苛政猛于虎"。齐景公问政于孔子。

公元前515年（鲁昭公二十七年）　孔子37岁。返鲁。自此直至51岁出仕前，致力于私学，有教无类。史称孔子弟子三千，贤者七十二（或七十七）。

公元前 512 年（鲁昭公三十年） 孔子 40 岁。后自谓"四十不惑"。

公元前 505 年（鲁定公五年） 孔子 47 岁。阳货通过控制季孙氏进而掌控鲁国大权。孔子路遇阳货，婉拒其出仕要求。

公元前 502 年（鲁定公八年） 孔子 50 岁。后自谓"五十而知天命"。鲁三家攻阳货，阳货失势，奔齐奔晋。

公元前 501 年（鲁定公九年） 孔子 51 岁。出仕，任鲁国中都宰，政绩显著。

公元前 500 年（鲁定公十年） 孔子 52 岁。由鲁国中都宰升任小司空。再升任大司寇。行摄相事。相鲁定公赴齐鲁夹谷之会。

公元前 498 年（鲁定公十二年） 孔子 54 岁。"堕三都"以强公室。堕郈，堕费，继又堕成，弗克，中途而废。

公元前 497 年（鲁定公十三年） 孔子 55 岁。齐国赠鲁国美女良马。孔子辞官，去鲁适卫，开始长达 14 年的周游列国。先后辗转于卫、曹、宋、郑、陈、蔡、楚七国。

公元前 496 年（鲁定公十四年） 孔子 56 岁。仕卫，卫灵公"致粟六万"。见卫灵公夫人南子。

公元前 492 年（鲁哀公三年） 孔子 60 岁。在陈，后自谓"六十而耳顺"。过宋，遇司马桓魋欲杀之险，微服去。季孙氏召孔子弟子冉求返鲁。

公元前 489 年（鲁哀公六年） 孔子 63 岁。适楚，途经陈、蔡间，与弟子被围困于荒野，绝粮七日。

公元前 484 年（鲁哀公十一年） 孔子 68 岁。鲁季康子召孔子，结束周游列国，返鲁。之前，孔子妻亓官氏已卒。此后，进入其晚年教育生涯，并致力古代文献的整理和研究。

公元前 482 年（鲁哀公十三年） 孔子 70 岁。自谓"七十而从心所欲，不逾矩"。是年，孔子之子孔鲤卒。

公元前 481 年（鲁哀公十四年） 孔子 71 岁。弟子颜回病卒。是年，鲁西狩获麟，孔子《春秋》绝笔。

公元前 480 年（鲁哀公十五年） 孔子 72 岁。弟子子路战死于卫。

公元前 479 年（鲁哀公十六年） 孔子 73 岁，卒。弟子为孔子服丧三年，子贡为其守墓六年。

说明：附录内容引用自鲍鹏山老师的《孔子传》。